전도 정착 기도 바로세우기

전도, 정착, 기도 바로세우기

초판 1쇄 발행 | 2019. 6. 10
초판 1쇄 인쇄 | 2019. 6. 10
지은이 | 신현수
펴낸이 | 정신일
펴낸곳 | 크리스천리더
편 집 | 이지선
교 정 | 이지선, 이숙자
일부총판 | 생명의 말씀사 (02) 3159-7979
등 록 | 제 2-2727호(1999. 9. 30)
주 소 | 부천시 원미구 중동로 100 팰리스카운티
　　　　아이파크 상가 311호
전 화 | (032) 342-1979
팩 스 | (032)343-3567

도서출간상담 | E-mail:chmbit@hanmail.net
homepage | www.cjesus.co.kr

ISBN : 978-89-6594-282-5　03230

정가 : 12,000원

저자와의 협약 아래 인지는 생략되었습니다.
이 출판물은 저작권법에 의해 보호받는 창작물이므로,
무단 복제와 무단전재를 할 수 없습니다.

■ 잘못된 책은 구입하신 곳에서 바꿔드립니다

교회 사역의 핵심 세가지

전도, 정착, 기도
바로세우기

모든 성도들의 필독서

신현수 목사

전도는 가장 기쁜 소식

정착은 성숙으로 인도하기

기도는 믿음으로 으뜸가는 행사

크리스쳔리더

머리말

한국교회에 한계 상황을 극복하고 전도 활성화를 이루어갈 수 있는 길은 없는 것일까? 한국교회가 반드시 해결하지 않으면 안 되는 전도사역의 출구는 없는 것일까? 한국교회의 위기를 해결해야 할 전도방식을 연구 개발하는 일이 무엇보다 시급한 일이다.

그리하여 모든 교회가 전도 동력을 얻어 다시 한 번 전도운동을 일으키어 교회를 회복함으로 해외 선교에까지 활력을 불어넣어야 할 것이다. 이러한 이유로 필자는 국내교회의 성장과 활성화를 고민하지 않을 수 없게 되었다. 교회의 제일 중요한 중점사역은 전도하는 일이기 때문이다.

어린아이가 정상적으로 잘 자라기 위해서는 골고루 음식을 먹고 적당한 운동을 하고 부모의 보살핌을 받아야 되는 것처럼 교회의 새신자도 기존교회의 사역자들과 성도들의 보살핌과 양육을 잘 받아야 교회의 일원으로 정착이 되고 나아가 하나님의 사역의 일꾼이 될 수 있는 것이다.

건강한 교회는 자라는 교회이다. 그 속에 생명이 있는 교회이다. 그 생명은 그리스도의 몸을 이루는 지체가 정상적으로 역할을 할 때에 움직인다.

이제 교회는 새로운 지체를 교회 안에서 신실하게 섬겨 잘 정착하게 하여 교회 일원으로 만들어 하나님의 나라 사역을 함께 감당해야 할 것이다.

사랑이 넘치고 인정이 넘쳐야 할 교회에서 조차도 사랑이 식어지고 인정이 식어가고 개인주의와 이기주의의 팽배가 날로 더해가는 시점에서 그야말로 잠자는 영혼을 깨우는, 메마른 심령을 적시는 기도야말로 연구되어지고 바로 실천되어져야 할 분야라고 분명히 확신한다.

본 글은 교회 사역의 핵심 3가지인 전도와 정착 그리고 기도를 간결하고 핵심적인 내용으로 쓰였다. 한국교회 평신도들이 쉽게 읽고 성경적인 전도와 정착, 양육, 기도를 바로 알고, 바로 실천하는데 도움이 되기를 간절히 바란다.

2019년 6월 10일

포커스M 사역원 사무실에서

신현수 목사

차례

1장 전도, 가장 기쁜 소식

1. 전도의 정의 · 10
2. 전도의 이유 · 16
3. 전도의 필요성 · 19
4. 전도의 목적 · 22
5. 전도자의 자격과 인격 · 27
6. 다양한 전도 방법 · 33
7. 전도 소그룹의 활성화 · 55

2장 새신자 양육, 성숙으로 인도하기

1. 새신자 양육의 이해 · 88
2. 새신자 양육 교재 · 101
3. 새신자 양육의 방법 · 102
4. 새신자 양육사역을 효과적으로 운영하는 방안 · 104
5. 사후관리 · 109
6. 양육과 정착의 관계 · 117

3장 기도, 믿음의 으뜸가는 행사

1. 성경적인 기도란 무엇인가? · 126
2. 한국교회의 잘못된 기도의 모습은 무엇인가? · 165
3. 올바른 기도의 법칙은 무엇인가? · 188

부록

새가족 섬김이 사역 실행 지침서 · 204
교인 서약서 · 230

1장 chapter

전도, 가장 기쁜 소식

1. 전도의 정의 | 2. 전도의 이유 | 3. 전도의 필요성 | 4. 전도의 목적 | 5. 전도자의 자격과 인격 | 6. 다양한 전도 방법 | 7. 전도 소그룹의 활성화

1장 chapter

전도, 가장 기쁜 소식

1. 전도의 정의

전도는 죄로 인해 하나님과 분리되어 있는 사람들에게 하나님께서 성취하신 예수 그리스도에 의한 복음을 전파하여 구원의 확신을 갖게 하는 일이다. 즉 불신자들에게 복음을 듣게 하여 회개하고 예수 그리스도를 구주로 믿게 하는 것이다.

전도란 말의 어원은 "복음"이란 말에서 유래했다. 복음(Gospel)이란 말은 앵글로색슨어 god-spell, 즉 "신에게 대하여" 혹은 "신에게로부터의 이야기"란 말의 현대형이다. 그리고 라틴어 전도(evangelium)에서 빌려온 말이다. 이 말은 일반적으로 "아름다운 소식"(사 40:9, 50:7, 눅 2:10), "좋은 소식"(롬 10:15)의 뜻으로 이해되고 있다. 라틴어의 Evangelium 이란 헬라어 Euanggelion에서 왔고, "전하다"(to preah), "말하다"(to tell) 등으로 번역되어 있다.

"전도란 성경대로 저주로 멸망한 죄인들을 성령님의 능력을 통하여 그리스도를 구주로 영접하고 하나님을 믿게 할 목적으로 십자가에 달리시고 부활하셔서 인류의 유일한 구속자 되신 그리스도의 복음을 전파하는 것이며 모든 생활에서의 그분의 교회의 교제에서 그리스도를 섬기게 하며 영광 중에 그리스도가 나타날 날을 기다리게 하는 것이다."

복음전도를 정의하면서 성경을 통해 다음과 같이 정의하였다.

1) 유앙겔리조

이 어원은 "승리의 소식", "기쁜 소식"이라는 의미를 갖고 있는데, 전쟁 때 승리한 기쁜 소식을 가져오는 것을 의미했다. 이는 "복음", "기쁜 소식을 전한다"는 뜻이다(막 15:14). 이것이 우리말로는 복음(Gospel)이다. 이 낱말의 동사는 "복음을 전하다"를 뜻한다. 이것은 신약성경 안에 흔히 사용되었고, "선전"과 같은 뜻이다. 예수님께서 "너희는 회개하고 복음을 믿으라"(막 1:15)로 말씀했을 때 이 말씀을 사용하셨다. 여기서 이 낱말의 뜻은 "기쁜 소식"이다.

또한 이 말은 희랍어 유(eu:좋은)와 앙겔리아(aggelia:소식) 라는 말에서 왔다. 앵글로색슨어에 매우 동일한 언어로는 good(좋은)와 spell(이야기나 말)인데 그것들이 결합되어 gospel(복음)이 되었다. 또한 "복음 전도자"라는 말은 이 낱말에서 유래되었다(행 21:8). 신약 성경적인 개념에서 이 낱말은 예수님과 요한 그리고 초대 복음 전도자들에 관련하여 사용되었다. 복음전도자는 왕국의 기쁜 소식을 전하는 자였다.

2) 케룻소

이 낱말은 예수님과 요한, 그리고 초대 복음전도자들에 관련하여 사용되었다. "예수께서 온 갈릴리에 두루 다니사 저희 회당에서 가르치시고 천국 복음을 전파하셨다"(마 4:23). 여기서 사용된 "케룻소"가 뜻하는 것은 "예고하다"(to herald)이다. 이것은 옛날에 임금님의 법령을 알리는 임금님의 전령자를 묘사한 말이다. 먼저 세례 요한이 와서 전파했다(마 3:1). 그는 하나의 새로운 날이 접근해 옴을 예고했다. 전파하는 것이 선포하는 것이다.

3) 디다스코

이 말은 예수님의 복음전도를 설명함에 있어서 다른 어떤 낱말보다 더 자주 사용되었다. "예수께서 모든 성과 촌에 두루 다니사 저희 회당에서 가르치셨다"(마 9:35). 그는 대화 형식으로서 위대한 영적인 진리를 설명하고 해명하였다. 그는 진리를 알릴뿐 아니라 그것을 분명히 해명하고 또 예증했다. 그는 능숙한 선생이었다. 가장 훌륭한 복음전도자들은 예수님의 본을 따를 것이고, 가르칠 것이고, 교화할 것이다.

4) 마르투스

이 말의 뜻은 증인(Witness)이다. 사도행전에서 "너희는 내 증인이 되리라"(행 1:18)라고 말씀하셨다. 엄밀한 의미에서는 증인은 곧 증명이다. 예수님께서 말씀하시되 "너희는 그리스도교가 참되다는 것을 나타내는데 내 증명이다. 너희는 살아있는 신임장이다"라고 하신다. 우리는 증인이란 낱말에서 "순교자"란 말을 갖게 된다. 순교자는 자신의 피로서 자기의 증거를 뒷받침 하는 사람이다. 성경적인 진정한 증인은 복음을 전파할 것이고 또 그를 위하여 죽을 것이다. 그는 한 과업에 젖어진 몸이며 한 목표에 바쳐진 몸이다. 그 목표를 그리스도를 위하여 만사에 내걸고 증인이 되는 것이다. 그는 자기의 생계를 위하여 직장에서 일을 하겠지만 일생에 있어서 자기의 목적은 결코 잃어버리지 않는다. 그는 언제나 하나의 증인이고 증명이고 신임장이다.

5) 마테데스

복음전도의 성경적인 정의를 설명하는 마지막 낱말로서 그 뜻은 "제자"(disciple)이다. "그러므로 너희는 가서 모든 족속을 가르치라 (제자 삼으라)"(마 28:19). 헬라어 낱말의 "가르치라"는 우리말로서는 정확하게 번역되지 않는다. "마르투스"는 그 뜻이 "제자를 삼다"란 말이다. 그런데 이 말은 "가르치다"라는 낱말 이상의 것을 내포하고 있다. 이것은 제자를 훈련하는 것에 내포되어 있는 모든 것을 다 이룬다는 것을 뜻한다. 이 모든 낱말들은 한 낱말로 축소시킬 수 있다. 그 낱말은 곧 "선전"이다.

초대교회 제자들은 "복음전도"라는 낱말을 만들어 내지 않았다. 이것은 초대교회가 창설되기 수세기 전에 사용되고 있었다. "복음전도"와 "선전"이란 낱말은 나쁜 평판으로 떨어지고 말았다. 그러나 선전이 자체의 올바른 빛 안에서 사용될 때 언어의 좋은 뜻을 가진다. 사도들이 반대와 고난과 투옥을 당할 때 그들은 선전자로 헌신한 자들이었기 때문에 흔들리지 않았다.

이상에서 관찰한 바와 같이 이 말들은 기본적으로 어떤 역동성을 함축하고 있음을 알 수 있다. 기쁜 소식, 예고하다, 가르치다. 순교자, 제자, 선전하다 이러한 말들은 그리스도인들에게 새로운 삶을 가능케 했던 하나의 사실을 증언했으며 그 배후에는 당위성이 자리 잡고 있는 깊은 만남이 있었던 것이다. 이러한 사실들을 근거로 해서 전도의 정의를 내리고자 한다.

전도는 하나님께서 하시는 것이다. 하나님께서 신자들을 통해서 일하시지만 결국 전도의 주체는 하나님이시다. 카이퍼는 그의 전도신학에서 "성부, 성자, 성령 삼위 하나님께서 구원의 창시자이시며, 구원의 복음의 창시자이시다"라고 했다.

삼위 하나님은 진정 전도의 창시자이시다. 전도는 단지 성부 하나님만이 관여하시는 일은 아니다. 오히려 삼위일체 하나님의 존재와 계획으로부터 시작이 된다고 하는 것이 더 정확할 것이다. 영원하신 하나님께서는 창세전에 이미 타락한 인간을 구원하시기로 작정하셨다.

성부 하나님은 말씀이 육신이 되실 그분의 아들 예수 그리스도를 이 세상에 보내시기로 작정하셨고, 성자 하나님이신 예수는 하나님의 때에 스스로 자원하셔서 인간으로 이 땅에 오셨고, 성령 하나님은 성부와 성자가 하신 구속사역의 바탕 위에서 인간의 구원을 실제적으로 완성하시기 위해서 이 세상에 강림하심으로 하나님의 지혜와 계시의 영으로 그분의 뜻을 인간에게 알리시면서 그분의 구속을 이루어 가신다.

위에서 살려본 전도의 여러 정의를 요약해보면 전도란 구원의 기쁜 소식을 전하는 것인데 인간의 죄로 말미암아 죽을 수밖에 없었으나 하나님의 그 사랑으로 인류를 구속하기 위해 십자가에 그분의 아들 예수를 죽게 하심으로 누구든지 십자가에 죽으신 예수를 믿기만 하면 구원을 얻게 된다. 그리고 십자가에 죽으신 예수는 삼일 만에 부활하심으로 그가 부활하신 것처럼 예수를 믿는 자는 영원한 생명을 얻게 된다.

그러므로 전도란 예수 그리스도를 자신의 구주로 영접하고 하나님을 믿게 하려는 목적으로 십자가에 죽으시고 부활하심으로 인류의 구주가 되신 예수 그리스도를 전파하는 것이다.

2. 전도의 이유

교회의 제일 명령은 복음전도다. 교회로 부르심의 목적은 복음을 전하므로 불신자들을 구원하는 것이다. 복음을 땅 끝까지 전하는 것을 예수 그리스도의 지상 명령이라고 한다. 최고의 명령이요, 가장 우선적인 명령인 것이다. 존 스타트는 모든 그리스도인은 예수 그리스도의 종이므로 단순하게 복종해야 함을 말하면서 그리스도인들은 "값으로 산 것"(고전 6:20)이 되었으니 지극히 복종의 멍에를 짊어지고 주인을 위해 헌신해야 함을 강조하였다.

예수님은 제자들을 훈련시켜 복음 전도자로 파송하는 것이 최고의 목표였고 제자들을 부르실 때 "사람을 낚는 어부"(마 4:19)로 부르셨다. 사도 바울을 부르실 때도 "이 사람은 내 이름을 이방인과 임금들과 자손들에게 전하기 위하여 택한 나의 그릇"(행 9:15)이라고 하셨다.

바울은 이 사명을 깨닫고 다음과 같이 고백했다.
"나의 달려갈 길과 예수께 받은 사명 곧 하나님의 은혜의 복음을 증거하는 일을 마치려 함에는 나의 생명을 조금도 귀한 것으로 여기지 아니하노라"(행 20:24).
이런 열정을 가지고 가는 곳마다 복음을 전하여 수많은 영혼들을 구원하였다.

사도 바울은 복음을 전해야 하는 이유에 대해 "내가 복음을 전할지라도 자랑할 것이 없음은 내가 부득불 할 일임이라 만일 복음을 전하지 아니하면 내게 화가 있을 것임이라"(고전 9:16) 함으로써, 전도는 마땅히 해야 할 일로 생각했다. 바울뿐 아니라 믿는 모든 이들은 복음을 전해야 분명한 이유가 있음을 알아야 한다.

조지 스위팅은 자신의 저서 「전도의 비결」에서 복음을 전해야 하는 이유를 첫째, 성경의 진리가 갖는 실제성 때문이라고 했다. 사람들의 죄의 권세로부터 해방시킬 수 있는 진리를 성경이 갖고 있기 때문이라는 것이다. 둘째, 내가 구원을 소유했기 때문에. 셋째, 위대한 사명 때문에. 넷째, 예수 그리스도의 대사가 된 우리의 직분 때문이라고 했다.

최현서 교수는 [현대 전도학]에서 복음 전도를 해야 하는 이유에 대해 전도는 예수님이 명령하신 일, 전도는 구원받은 자의 믿음의 표현, 죄인들은 멸망받기에, 하나님의 사랑이 강권하시기 때문에, 그리스도를 대신 하는 신분이기에, 성도의 책임이기 때문에, 일할 밭이 부르기에, 전도하도록 택하셨기에, 구원의 체험이 전도하도록 강권하기에, 복음의 본질이 전도하게 하기 때문에, 지옥의 존재가 전도를 필요가 하기에, 천국에 계신 분들이 전도하도록 격려하기에, 지혜가 전도하도록 호소하기에, 인생의 짧은 시간이 재촉하기 때문에, 양심의 요구이기에, 초대교회 그리스도인들도 전도를 했기 때문에 등 16가지 전도의 이유들을 설명하였다.

또한 전도의 이유는 그리스도의 명령에 대한 순종이다. 예수 그리스도께서 부활하시고 승천하시면서 제자들에게 부탁한 최후의 명령은 온 천하에 다니며 복음을 전하는 것, 모든 족속으로 제자를 삼으라는 것, 땅 끝까지 이르러 부활의 증인이 되라는 명령이었다. 초대교회는 이 명령을 충실히 이행했고 사도들과 모든 그리스도인들은 이 명령에 순종하여 오늘날까지 하나님의 나라를 이루어 왔다. 초대 성도들이 예수님의 명령에 순종한 것은 땅 끝까지 증인이 되라는 것이 가장 큰 동기였다.

그들의 순종은 복음 전도로 나타났다. 동기란 의지를 움직이고자 하는 배려라고 볼 때 만일 교회의 의지가 자기 앞에 놓인 복음 전도의 문제를 추구하기 위하여 역사해야 한다면 최초의 교회로 하여금 온 세계를 향하게 한 배려는 그리스도의 위대한 명령에 있었다고 본다. 제자들과 초대 성도들은 예수님의 명령에 죽음도 두려워하지 않고 온전히 순종했다.

3. 전도의 필요성

1) 복음 전도는 삼위일체 하나님이 원하시는 것이다.

성부 하나님은 단 한 사람도 멸망당하는 것을 원치 않으신다(벧전 3:18). 성자 하나님이신 예수님께서도 죄인을 구원하시기 위해 오셨고, 성령 하나님께서도 "권능을 받고 예루살렘과 온 유대와 사마리아와 땅 끝까지 이르러 내 증인이 되리라"(행 1:8)는 말씀과 같이 성도들에게 권능을 주어 복음을 전하게 하신다. 이렇듯 삼위 하나님께서 복음 전도를 간절히 원하신다.

2) 복음 전도는 예수님의 지상 명령이다.

마가복음 16:15-16절에서 "또 가라사대 너희는 온 천하를 다니며 만민에게 복음을 전파하라. 믿고 세례를 받는 사람은 구원을 얻을 것이요 믿지 않는 사람은 정죄를 받으리라"

마태복음 28장 19-20절에서 "그러므로 너희는 가서 모든 족속으로 제자를 삼아 아버지와 아들과 성령의 이름으로 세례를 베풀고 내가 너희에게 분부한 모든 것을 가르쳐 지키게 하라..." 예수님의 마지막 명령도 복음 전파요, 제자를 삼는 것이다. 복음 전도는 선택이 아닌 절대 명령이다.

3) 복음 전도는 하나님께 영광이 된다.

요한복음 15장 8절에서 "너희가 과실을 많이 맺으면 내 아버지께서 영광을 받으실 것이요 너희가 내 제자가 되리라" 하셨다. 열매는 당연히 회개한 영혼들을 말하며 복음을 통하여 영혼이 구원받는 것은 하나님께 가장 큰 영광을 돌린다.

4) 복음 전도는 사도들의 강권이다.

디모데후서 4장 1-2절에서 "그리스도 예수 앞에서 그의 나타나실 것과 그의 나라를 두고 엄히 명하노니 너는 말씀을 전파하라 때를 얻든지 못 얻든지 항상 힘쓰라 범사에 오래 참음과 가르침으로 경책하며 경계하며 권하라" 하였다. 복음 전파는 자신의 의지도 아니고 듣는 사람의 원하는 바와도 무관하다는 사실을 알려준다. 듣든지 아니 듣든지 복음 전파는 하나님의 뜻인 것이다.

5) 복음 전도는 빚을 갚는 것이다.

로마서 1장 14절에서 "헬라인이나 야만이나 지혜 있는 자나 어리석은 자에게 다 내가 빚진 자라" 했다. 거저 받았으니 복음의 부채자이다. 이는 반드시 갚아야 할 부채임을 알려준다.

6) 복음 전도는 화를 당하지 않는 것이다.

고린도전서 9장 16절에서 "내가 복음을 전할지라도 자랑할 것이 없음은 부득불 할 일임이라 만일 복음을 전하지 아니하면 내게 화가 있을 것임이라" 했다.

의무와 책임을 게을리 한 죄로 화를 당하지 않기 위해서라도 반드시 복음을 전해야 한다.

7) 복음 전도는 모든 족속에게 전파하는 것이다.

마태복음 24장 14절에서 "천국 복음이 모든 족속에게 증거 되기 위하여 온 세상에 전파되리니 그제야 끝이 오리라" 복음 전도는 말세를 바라는 성도의 책임이다.

복음 전도는 교회의 사명이다. 천하보다 귀한 영혼을 찾아 구원하는 것은 교회가 이 땅 위에서 가장 중요하게 감당해야 할 사명이다. 초대교회가 복음 전도의 사명을 감당했다.

1960년대 세계 교회 협의회는 "섬기는 교회"의 신학을 발전시켜 교회가 선교라는 사명을 가지는 것이 아니라 교회 자체가 선교라고 천명했다. 교회의 진정한 부흥과 성장은 복음 전도를 통해서 이루어진다. 전도하면 교회는 부흥된다.

교회의 양적, 질적 부흥은 모두 전도할 때 일어난다. 전도는 전도하는 성도로 하여금 영적으로 성장하며 성숙을 가져오게 한다. 이와 같이 복음 전도는 성경의 요구에 의해서나 교회의 요구에 의해서도 중요하다.

4. 전도의 목적

우리가 전도를 강조할 때 이기적인 생각으로 내 교회, 내 교파 혹은 자기 개인의 업적이나 인간의 수단으로 해서는 안 된다. 다만, 주님의 명령과 영혼을 사랑하여 구원할 목적으로 해야 한다.

오늘날 복음전도에 있어서 이기적인 동기를 경계할 필요가 있다고 했다. 전도의 목적은 영혼의 구원, 교회의 성장 그리고 주님의 나라의 도래와 하나님의 영광을 위한 것이어야 한다.

1) 하나님의 영광

그리스도인의 생활은 하나님의 영광과 직결되어야 한다. 사도 바울은 고린도 교우들에게 "너희는 먹든지 마시든지 무엇을 하든지 다 하나님의 영광을 위하여 하라"(고전 10:31) 하였으며, 예수께서는 "아버지께서 내게 하라고 주신 일을 내가 이루어 아버지를 이 세상에서 영화롭게 하였다"(요 17:4)고 증거하신다.

사도 바울은 "하늘에 있는 자들과 땅에 있는 자들과 땅 아래 있는 자들로 모든 무릎을 예수의 이름에 꿇게 하시고 모든 입으로 예수 그리스도를 주라 시인하여 하나님 아버지께 영광을 돌리게 하셨느니라"(빌 2:10-11) 말씀하심으로 불신자 전도를 통하여 주님께 돌아오는 영혼이 많을 때 하나님께 영광이 된다고 하셨다.

전도는 곧 하나님의 영광을 위한 것이라고 할 수 있다. 웨스트민스터 소요리 문답 '제 일문'에는 사람의 제일 되는 본분은 하나님을 영화롭게 하는 것과 영원토록 그분을 즐거워하는 것이라고 하였다. 전도는 곧 신자들의 본분이며 하나님의 영광을 드러내는 최선의 길이다.

2) 영혼의 구원

"믿고 세례를 받은 사람은 구원을 얻을 것이요 믿지 아니한 사람은 정죄를 받으리라"(막 16:16). 뭐니 뭐니 해도 전도의 첫 번째 목적은 멸망 받을 인간의 영혼을 구원하는데 있다. 베드로는 그의 편지에서 "믿음의 결국 곧 영혼 구원"을 믿음으로 말하고 있다. 인간이 구원받을 길은 오직 예수 그리스도를 믿는 길 밖에 없으니 "천하 인간에 구원을 받을 만한 다른 이름을 우리에게 주신 일이 없다"(행 4:12)고 했다.

조오지 스위제이는 "복음전도의 최대의 목적은 사람들로 하여금 그리스도에 대한 신앙과 그리스도인의 생활 속으로 인도하는 것이다"고 하였다. 그는 마틴 루터의 말을 인용하면서 그리스도인의 생활을 영위하는 그 교회는 보이는 건물이 아니라 그리스도를 믿는 공동체이며 그들과 함께 교제하며 그들의 생활양식, 교육 그리고 삶을 배워 알아야 한다고 하였다. 그는 더욱 근본적으로 그 신앙을 갖기 위해서는 회심이 필요하다고 하였고, 회심은 참 기쁨이며 복음전도의 목적이 된다.

예수님께서 인간의 몸을 입으시고 이 땅에 오신 목적 역시 잃은

양을 찾아 구원하시기 위함이었고, 그분의 제자들을 향한 보내심의 목적 또한 같았다. 보냄을 받은 제자들은 문화, 언어, 지리적인 장벽을 초월하면서 까지도 그리스도의 십자가와 부활을 선포하고 그들을 그리스도에게로 인도하고 그들을 모아 교회를 세웠다. 이것이 복음을 전하는 목적이다.

성경에 나타난 복음전도의 목적은 설교와 권능 있는 표적만이 아니라 일정한 목표를 위한 권능의 설교로서 그 목적은 인간을 예수 그리스도에게 전향시키는 것이다. 복음전도의 목적은 사람들을 구주이신 예수 그리스도에게로 인도하여 영생에 참여케 하는 것이다.
그러므로 그리스도인들은 부활의 증인으로서 지상명령의 수행자(마 28:19-20)가 되어야 하며, 영원히 저주와 멸망에서 허덕이고 있는 영혼들을 찾아야 한다. 주님이 이 땅에 오신 목적이 영혼을 구원하시는 것이었다.

3) 하나님 나라의 확장

마태복음 28장 20절의 지상명령은 예수 그리스도께서 친히 말씀한 지상명령이다. 이 지상명령은 이 세상을 떠나기 직전 사랑하는 제자들에게 마지막으로 남긴 유언이다. 이 명령은 복음서 전체와 사도행전 등에서 찾아 볼 수 있다. 예수님께서는 하나님의 통치가 실현되는 나라를 선포하였다. 이 하나님 나라에서 실현되는 구원은 전체적인 의미를 가진바 예수님께서 말하는 구원은 하나님의 뜻에 의한 전체적인 구원이다. 그러므로 그것은 육체적인 동시에 정신적 고통에서의 구원이요 개인적인 동시에 사회적인 불의에서의 구원이며, 현세적인 평화인 동시에 영원한 구원이다. 하나님 나라 사상은 신.구약 성경을 통해 일관된 하나의 사상이다.

이 하나님 나라는 그리스도가 오심으로 그분의 사역을 통하여 이루어지게 된다. 이 나라는 개인을 통하여 제자의 수가 형성되고 그 속에서 하나님의 나라가 실현되어 간다. 이로서 하나님의 나라가 현존되는 것을 확증해 준다. 그리스도는 그 나라로 사람들을 부르셨다. 사람들은 그 나라를 섬기도록 부름을 받았다. 하나님은 그 백성을 원하시며 그들을 통치하시기를 원하신다.

하나님께서 아브라함과 언약하시며 그들을 통치하시기를 원하신다. 하나님께서는 아브라함과 언약하시면서 "네가 너로 큰 민족을 이루고 네 이름을 창대케 하리니 너는 복의 근원이 될지라 너를 축복하는 자에게는 내가 복을 내리고 너를 저주하는 자에게는 내가 저주하리니 땅의 모든 족속이 너를 인하여 복을 얻을 것이니라"고 말씀하셨다. 예수님께서는 "너희는 소금이다", "너희는 빛이다"라고 하시며 "땅 끝까지 가서 증인이 되라" 하셨다. 즉 그 나라가 확증되어 가야 할 것을 말씀해 주고 있다. 하나님은 그 나라의 백성의 수가 증가되기를 원하며 교회가 구원을 받은 자로 차고 넘치는 부흥이 있기를 원하신다.

4) 교회의 성장

교회의 성장과 전도는 너무나도 큰 관계를 갖고 있다. 교회 성장이라 함은 믿는 자의 수가 많아진다는 것이다. 초대 교회에서 성장의 예는 하루에 3천 명씩이나 믿는 자의 수가 늘어난 것이다. 그것은 사도들을 위시한 온 교회가 전도를 쉬지 않았기 때문이다(행 5:42).

둘째는 질적 성장인데 신자들의 신앙 지식과 생활에 그리스도를 닮아가는 것이다. 그것은 세상의 소금과 빛으로 그 역할을 감당해 나가는 것이다. 교회 성장은 성도들 하나하나의 영혼을 사랑하여 전도하고 그들을 회개시켜 주님 앞으로 데리고 나오는 수밖에 없다. 소수가 아무리 훌륭한 신자라고 해도 전도할 줄 모르는 신자는 훌륭한 신자라고 볼 수 없고 훌륭한 신자는 전도하기 마련이니 교회가 성장하게 된다. 초대교회 신자들은 실로 전도에 모범적이었다. 그래서 주님께서 구원받는 사람을 날마다 더하게(행 2:47) 하시므로 교회의 성장을 보여 주었다. 박해를 받아서 사도들 외에는 다 각 곳으로 흩어졌을 때에도 그들은 두루 다니며 복음의 말씀을 전했다(행 8:4).

쿠퍼는 "무엇보다도 교회의 성장을 의미 있게 만드는 것은 교회 성장이 교회의 머리되시며 주권자이신 예수 그리스도의 영광을 높이 드러내는데 있다"고 말하였다. 잠언서는 "백성이 많은 것은 왕의 영광이요 백성이 적은 것은 주권자의 패망이니"라고 했다. 전도하지 않고는 교회는 성장할 수 없고 교회가 성장하지 않으면 교회의 머리이신 주님의 영광이 못된다.

5. 전도자의 자격과 인격

불신자를 주님께로 인도하기가 쉽지 않다. 복음을 전하는 자가 확실한 믿음과 복음 전하는 일에 하나님으로부터 부름이 없다면 복음 전도는 일회성에 불과하다. 적어도 복음 전하는 자는 자격을 필요로 한다. 이명희 교수는 전도자의 자격에 대하여 적어도 구원의 확신이 있어야 하며, 성별된 삶의 살아야 하고, 규칙적인 기도생활을 해야 하며, 믿음이 확고해야 하고, 영적인 동정심이 있어야 하며, 성령 충만한 생활을 해야 한다고 했다. 최현서 교수는 여기에 하나님의 말씀에 대한 확신과 전도의 방해물을 극복해야 함을 강조했다.

브렝글(S. L. Brengle)은 「전도의 열쇠」에서 전도자의 자격의 중요성을 "전도자는 개인적인 체험이 있어야 하며, 하나님의 말씀과 전도하는 일에 순종해야 하며, 기도에 항상 힘쓰고 복음전도에 열심을 내야하며, 영적 지도력을 갖추어야 하고, 시간을 아끼며 전도 대상자에 대해서와 말씀을 항상 연구해야 하고, 육체적인 건강과 심지어 금전 문제에도 깨끗해야 한다"고 강조했다.

예수 그리스도를 주님과 그리스도로 영접하여 구원을 받은 확신이 있는 사람들이라 할지라도 생활 속에서 복음을 전하며 사는 사람들은 많지 않다. 모든 교회들이 안고 있는 고민이기도 하지만 전도를 특별한 사역으로 여길 것이 아니라 교회는 전도하기 위해 세워진 하나님의 공동체임을 분명하게 가르치고 훈련시켜야 한다.

1) 구원의 확신

전도자는 구원 받은 투철한 그리스도인이어야 한다. 복음 전도자는 우선적으로 예수 그리스도를 개인의 구세주로 아는 깊은 체험을 가지고 있어야 한다. 복음 전도자는 죄에 대한 철저한 회개와 예수 그리스도께서 십자가에서 죽으신 대속의 은혜를 알아야 하고 부활의 믿음을 가져야 한다. 구원의 확신이 지속적이고 성공적인 전도를 위한 필수조건이며 기쁨과 감사한 마음으로 전도를 잘 할 수 있다.

2) 경건한 삶

복음을 전하는 사람은 교회생활에 있어서 모든 면에 본이 되어야 한다. 예배생활에 충실해야 하며 가정은 물론 사회생활에서도 모본이 되어야 한다. 술과 담배를 끊어야 하고 정직해야 하며 헌금생활에서도 본이 되어야 한다. 성경읽기와 기도생활에서도 본이 되어야 하며 모든 교회행사와 활동에도 적극 참여해야 한다.

3) 영혼에 대한 열정적 사랑

한 마리 잃어버린 양의 비유나 잃어버린 동전의 비유, 탕자의 비유는 한 영혼을 얼마나 사랑하시는지를 보여준다. 사마리아 여인을 찾아 가신 예수님의 모습은 한 영혼에 대한 극진한 사랑의 모습을 나타낸다. 전도는 사랑이다. 희생과 섬김이 따른다.

끝까지 책임지는 자세가 복음을 전하는 사람에게 요구된다.

4) 말씀과 기도에 대한 확신

복음을 전하는 사람들에게 성경은 강력한 무기다(히 4:12). 영혼이 구원받는 것은 하나님의 말씀이 심령에 역사되어야 한다(벧전 1:23). 하나님의 말씀의 능력을 믿고 선포할 때 성령님께서 구원의 역사를 나타내시는 것이다. 전도자는 하나님의 말씀과 약속을 굳게 신뢰해야 한다. 또한 복음을 전하는 사람들은 기도에 대한 응답과 능력을 신뢰해야 한다. 예수님께서도 많은 병자들을 고치셔서 구원해 주셨다. 말씀으로 고치시기도 했고 기도로 치유하시기도 했다. 복음 전도자는 쉬지 않고 기도하는 사람이어야 한다.

5) 장애물을 극복할 수 있는 담대한 믿음

복음을 전하는 사람에게 영적으로나 육적으로 많은 장애가 있다. 사단이 복음 전하는 사람을 가만 두지 않는다. 개인적인 문제뿐 아니라 가정의 문제, 경제적 문제, 교회 문제, 건강 문제, 대인 관계의 문제 등 수많은 장애물이 복음을 전하지 못하도록 막는다. 하나님의 도우심을 확신하고 장애물이 생길 때마다 성령님의 인도를 구해야 한다. 전도자는 성령님을 소멸해서는 안 된다(살전 5:19).

믿음은 하나님의 도우심이 숨겨져 있음을 기억하고 하나님의 약속을 굳게 믿는 것이다. 믿음은 역경 속에서도 하나님을 바라보며 극복하는 것이요 하나님이 우리의 생각보다 더 크신 분이라는 사실을 깨닫는 것이다. 복음을 전하는 자들은 장애물보다 위대하신 하나님을 바라보는 담대한 믿음을 지녀야 한다.

6) 전도자의 인격 : 온유와 겸손

예수님께서는 온유와 겸손한 인격을 통해 전도하시는 전도자의 모습을 보여 주셨다(마 11:28). 죄악으로 오염된 세상에 살면서 서로 상처를 주고받으며 아픔을 겪고 있는 이웃의 마음을 공감해주며 전도하여야 하기 때문에 전도자의 인격적 성숙이 요구된다.

하워드 스나이더가 "교회의 선교는 근본적으로 예수 그리스도의 인격에 중심을 두어야 한다"고 말한 것처럼 "성육신적 관계전도"는 전도자의 인격적 자질을 강조하지 않을 수 없다. 예수님의 삶에서 가장 중요한 점은 그가 자신의 교훈을 자신의 인격과 사역에서 몸소 보여주신 것이다. 즉 그리스도의 케노시스적인 삶은 하나님의 실제적 이미지를 묘사한 것으로 하나님은 거룩한 사랑이시라는 것을 보여주는 것인데, 이것이 바로 그리스도의 인격을 이해하기 위한 유일한 열쇠이다.

예수님은 온유하신 성품으로 누구에게나 온유하셨다. 온유란 친절하고 온화한 마음이다. 온유는 예수님의 리더십을 말할 때 중요한 요소 가운데 하나일 뿐만 아니라 예수님의 생활 방식이었다. 한 마디로 예수님께서는 단 한 번도 개인적으로 누구를 정죄하신 적이 없으시다.

또한 예수님은 겸손하셨다. 하나님의 거룩한 아들이신 예수 그리스도는 겸손의 모범이시다. 예수님의 낮아지심과 겸손은 도덕적 차원이 아닌 성육신과 관련되어 있다. 예수님께서는 본질이 하나님이신데도 하나님과 동등되게 여기지 않으신 자세와 태도를 가지셨기에 성육신 할 수 있었다(빌 2:6). 예수님께서 섬김으로 누리는 하나님 나라를 건설하시려고 성육신하셨기 때문에 자기를 낮추시고 죽기까지 복종하시며 섬기셨던 것이다(빌 2:8).

그리스도는 자신의 권리를 주장하지 않으셨고 도리어 자기를 낮추셔서 보통의 인간으로 사셨다. 그래서 사도들은 성육신에 나타난 예수님의 겸손과 관용을 누누이 강조하며, 이것을 우리가 본받아야 할 모습으로 제시했다(롬 15:1, 3, 고후 8:7, 9, 빌 2:5, 7, 9). 즉 예수님의 사역에 그대로 드러난 섬김의 겸손은 모든 기독교 선교의 방법이라 할 수 있다. 기독교의 최고 덕목은 겸손과 사랑이다.

이처럼 전도자는 예수님께서 보여주신 온유하고 겸손한 인격을 갖추어야 한다. 사람 낚는 어부로 부르신 제자들에게 산상수훈을 주시면서 먼저 8복에 담긴 성품을 말씀하시고, 후에 복된 성품으로 세상에 소금처럼 녹아져서 맛을 내라고 하신 것도 바로 이 때문이다. 8복의 성품은 하나님을 볼 수 있는 청결한 마음(마 5:8)과 이웃과의 덕이 되는 관계를 갖기 위해서 화평의 마음(마 5:9)으로 귀결된다. 청결한 마음은 심령이 가난한 겸손함이며, 화평한 마음은 온유함에서부터 시작된다.

그러므로 전도자 예수님께서 보여주신 온유하고 겸손한 인격이

8복에서 그대로 강조되고 있음을 볼 수 있다.

　전도현장에서 자신을 낮추고 온유한 마음과 사랑의 섬김으로 전도할 때 전도자의 인격이 성숙해 질 수 있게 된다. 따라서 "인격 전도란 자신의 인격 속에 예수님의 사랑을 싸서 상대방에게 주는 것이다. 즉 풍성한 사랑을 주고받는 사랑의 전도이다".

6. 다양한 전도방법

1) 개인 전도

전도방법의 분류 중에서 먼저 볼 수 있는 방식이 개인, 대면전도이다. 이러한 개인전도의 방식 중에는 노방전도와 축호전도, 복음제시형 전도와 외침전도 등으로 나누어 볼 수 있다.

이 전도는 지역 교회에서 직접적으로 적용하기가 쉽다는 장점을 가지고 있다. 전도에 대한 열심을 가진 성도가 사람들이 모이는 장소에서 일방적으로 복음을 외치거나 교회 행사를 홍보하고, 전도지를 나누어 주는 것은 전략이나 조직이 없어도 행할 수 있는 것이다. 그러나 이 방법은 많은 노력을 하였어도 열매가 적다는 것이다.

전도자들이 흥미를 잃어버리고 사후 관리로 연결하지 못하는 경우가 있는데 그중에 노방전도, 방문전도, 고구마, 진돗개 전도 등을 먼저 이야기 하고자 한다.

① 노방 전도

노방전도나 외침전도는 전통적인 개인전도의 한 형태로 길거리에서 지나가는 사람들에게 전도하거나 또는 시장이나 공원 등 사람이 많이 모이는 장소에서 복음을 전하는 것이다. 이 전도를 하는 전도자들을 위한 어떤 표준 전도지나 전도훈련 방법이 알려진 것은 없고 참석한 사람들의 구전을 통하여 알려진 것들이 전부이다. 예수전도협회에서 나온 전도지 중에서 '피뢰침, 인생예보, 비상구, 포로, 인생과 향해, 모르는 것 세 가지, 잘못 탄 버스, 영생 찾기, 인생의 짐, 끊어진 다리, 이중 지불, 또 하나의 이산가족, 재난과 구원, 행복한 사람, 소중한 생명, 스톱' 등이 있는데 그 내용을 살펴보면 사람은 죄로 인하여 심판을 받을 수밖에 없으며 예수님을 구주로 믿고 영생을 얻어야 한다는 것으로써 죄에 초점이 맞추어져 있다.

한국교회 선교 초기에 선교사들이 말이나 자전거를 타고 다니며 노방전도를 하였으며, 최권능 목사는 새벽마다 평양 시내를 돌아다니면서 "예수 천당, 불신 지옥"을 외쳤다. 노방 전도의 성경적 근거는 "길과 산울가로 나가서 사람을 강권하여 데려다가 내 집을 채우라"(눅 14:23)는 구절과 "그 잃은 것을 찾도록 찾아다니지 아니하겠느냐"(눅 15:4)하는 말씀 등에서 찾을 수 있다. 예수 그리스도와 바울의 사역도 길거리 또는 야외에서 많이 이루어졌다.

그러나 산업화 시대 이전 복음전도의 유용한 도구로 한국교회에 끼친 많은 성과에도 불구하고 지극히 개인화되고 세속화된 세대 가운데 시행되고 있는 노방전도 방식의 전도의 효용성에 대해 의문이 제기되고 있다. 전도는 세상에 가장 기쁜 소식을 전하는 것이다. 막무가내로 다른 사람들의 감정을 고려하지 않는 전도는 오히려 복음을 듣기 부담스런 이야기나 소음으로 전락시키는 것이 되고 말 것이다. 전도는 한번 만나서 복음을 전하고 끝나는 것이 아니라 계속적이 관심과 배려와 마음의 문을 열고 구원의 기쁜 소식을 받아들이고 변화된 사람을 살게 하는 것이어야 한다.

한국교회가 침체되는 이유는 전도를 중요하게 생각하지 않아서 그런 것이 아니라 유치하고 맹목적인 전도방법이 오히려 전도의 문을 닫고 있는 실정이기 때문이다. 여기에도 교회의 영성쇠퇴로 인한 세속화가 더해져 전도의 능력까지 상실해 가고 있는 것이다.

그러므로 노방전도는 많은 사람에게 복음을 전할 수 있어 장점이 있다. 그러나 올바른 영성의 전도자가 전해야 하는데 이단들이 복음을 방해하는 등 장애물도 등장하여 마음의 문을 열기가 쉽지 않다. 노방전도에서 많은 사람들이 복음 전도지를 받지만 복음을 받아들이는 경향은 희박하다.

② 방문 전도

방문전도의 역사적 뿌리는 신약교회 자체의 경험에서 찾는다. 예루살렘 교회는 "성전에 있든지 집에 있든지" 성실하게 복음을 전하였다(행 5:42). 바울은 에베소 교회의 장로들에게 자신이 어떻게 "공중 앞에서나 각 집에서나 꺼림이 없이 가르쳤는지"를 상기시켜 주었다(행 20:20).

이 구절들은 복음을 전하고 가르치는 일이 성전이나 공공건물처럼 교회들이 함께 모이는 처소 바깥에서 행해졌으며, 또한 도시 구석구석에 흩어져 사는 사람들의 집에까지 미쳤다는 것을 알려준다. 가정방문의 유리한 점은 가족사항을 알게 되어 복음전도의 범위가 넓어 질 수 있다는 것이다. 일정한 거주 지역에 살고 있기 때문에 지속적인 방문을 할 수 있다.

가정을 방문하여 전도함으로 그 가정에 필요한 것을 기도와 헌신으로 섬길 수 있어 마음 문 열린 전도로 가장 용이함을 알 수 있다.

그러나 현대의 주택들은 아파트로 많이 구성되어 있는데 문 앞에서 비밀번호를 몰라 전도자가 방문 전도를 하기가 매우 어렵게 되어 있다. 그러나 일단 관계를 형성해서 그를 통해서 방문을 하게 되면 그의 마음을 열고 지속적인 관계를 맺을 수 있고 감성적 전도 방법에서 크게 효과를 얻을 수 있다.

③ 고구마, 진돗개 전도법

이 전도법은 과천교회 집사였던 김기동 선교사의 개인의 체험을 통해 고안해 낸 전도방법론이다. 고구마가 익으면 젓가락으로 찔리듯이 전도자의 접근이 있기 전에 이미 복음의 수용성이 높은 전도대상자를 고구마에 비유하여 반복적으로 전도를 시도하다 보면 결국 전도대상자가 복음에 대하여 수용성이 높아진다는 것에서 착안한 것이다. 핵심은 "예수 믿으십니까?", "그래도 믿어야 합니다", "너무 좋습니다", "기도하고 있습니다" 등의 핵심적인 4마디로 요약된다. 이 전도법은 그리스도인들에게 흥미있고, 또 재미로 할 수 있지만 전도대상자들이 인격적으로 굉장히 성숙되어 있고, 무지하지 않기 때문에 대상자를 '고구마'라는 표현과 '찔러보기'라고 표현하는 것은 대상자들의 마음을 상하게 할 수도 있다는 것이다.

또한 최근 '바람 바람 전도 집회' 등을 통해 전국교회에 소개되고 있는 개인 전도법으로 "진돗개 전도법"이 있다. 이는 순천 순동교회 집사인 박병선에 의해 소개 되어진 전도방법으로 진돗개의 충성심과 끈질긴 면을 개인 전도의 모티브로 사역 전도자의 태도에 대해 강조하는 사명을 고취시키는 전도방법이다. 특징적으로 보면 첫째, 한번 물면 절대 놓지 않는 것, 둘째, 한 분 주인은 평생 주인이다. 셋째, 인내를 가지고 기다리면서 진지하게 사냥감에 접근한다. 넷째, 거리를 좁혀 가다 결정적 순간에 덮쳐 사냥에 성공한다. 다섯째, 눈치는 빠르게, 지혜롭게, 재치 있게 하라 등의 내용이다.

이는 전도자의 충성심과 끈질김, 지혜로움 같은 전도법은 감성적 전도법과 비슷하지만 전도대상자를 '사냥감'이나 '넘어뜨려야 한다' 등 공격의 대상으로 본다는 것은 대상자의 의사를 무시하는 경향이 있어 대상자들의 인격을 고려하지 않은 일방적인 전도전략이므로 위험성을 내포하고 있다.

2) 복음의 말씀 전도

위의 전도 방법은 개인 전도로 개인이 열정을 가지고 복음을 전하는 방법이 지닌 장단점을 살펴보았다면 이번에는 복음을 말씀으로 요약하여 왜 예수님을 믿어야 하는 것인지를 잘 설명하면서 복음전도하는 방법을 연구해 볼 것이다. 여기서 대학생 선교단체 등에서 중심으로 사용하고 있는 "사영리"와 "다리전도법", 그리고 제자훈련을 행하는 교회를 중심으로 보급되어진 "전도폭발"에 대해 검토해 보도록 하겠다.

① 사영리(The Four Spiritual Laws)

사영리는 C.C.C(Campus Crusade for Christ)의 빌 브라이트 총재에 의해 만들어 졌다. 그는 미래의 의사결정권자들이며 다른 사람들에게 하나님을 개인적으로 알게 하였고 영향을 끼칠 수 있는 지성을 갖춘 대학생들을 가르치는 것이 중요함을 깨닫고, 1951년 UCIA에서 C.C.C를 창설했다.

내용은 '그리스도는 누구시며, 왜 그가 세상에 오셨는가', '그를 어떻게 개인적으로 알 수 있는가'하는 내용으로 복음을 간단명료하게 정리한 것이었다.

사영리는 먼저 1원리 "하나님은 당신을 사랑하신다"라고 시작하여 당시에는 '죄'를 먼저 강조하던 시기에 '사랑'이라는 말을 먼저 하여 독특성이 강조되고 있다.

2원리는 "사람은 죄에 빠져 하나님으로부터 떠나 있다"고 말한 후 3원리 "예수 그리스도만이 죄를 해결할 수 있는 하나님의 유일한 길"이라고 성경이 말하는 복음을 제시한다.

4원리로 구원론을 말하는데 "우리 각 사람은 예수 그리스도를 나의 구주 나의 하나님"으로 영접해야 한다. 요한복음 1장 12절, 에베소서 2장 8절에서 9절, 요한계시록 3장 20절이다. 영접기도를 하게 한 후 성경과 교회를 소개하고 그리스도와 새로운 관계 안에서 성장하는 삶에 대하여 권면하는 것으로 복음제시를 마친다.

사영리는 짧은 시간동안 복음에 대해 설명하고 그리스도를 영접하도록 촉구하는데 복음을 잘 요약하여 그 원리를 설명해 주고 있어 신학을 배우지 않은 평신도들에게 간단히 정리된 사영리의 내용을 통해 불신자에게 복음을 소개할 수 있도록 하여 두었다는 점에서 한국교회에 중요한 기여를 했다고 할 수 있다. 세속적이고 정욕적이고 인본주의로 살아가는 지성인들에게 복음을 전하는데 많은 장점을 가지고 있다.

이 전도법에서 몇 가지 단점을 보면 먼저, 만난 사람에게 아무 이야기를 하지 않고 사영리만을 말한다면 대상자와 인격적 만남이 결여된 것을 볼 수 있다. 또한 대상자들의 형편과 처지를 알지 못하고 일방적인 내용을 모든 사람에게 똑같이 전하는 방식을 취하므로 이러한 방법을 통조림식 전도전략이라고 혹평하는 이들도 있다.

사실 '영'(靈)이라는 말과 '리'(理)라는 말이 합해진 '사영리'란 말 자체가 긴 설명을 요하는 어려운 말이기도 하다. 그런 점에서 「한국식 전도법」을 쓴 민남기는 한국적 상황을 고려하지 않는 전도전략이라고 단언하기도 하였다.

② 다리 전도법

사역 초기에 트로트맨은 복음전달의 6요소를 정리하여 가르쳤는데, 그것은 모든 사람이 죄를 범함(롬 3:23, 사 53:6), 죄의 형벌(롬 6:23, 히 9:27), 그리스도가 형벌을 받음(롬 5:8), 선행으로는 구원을 받지 못함(엡 2:8-9, 딛 3:5), 그리스도를 모셔야 함(요 1:12, 계 3:20), 구원의 확신(요일 5:13, 요 5:24)등 여섯 가지로 다리 전도법이 시작되었다.

오늘날 다리 전도법은 매우 다양하게 사용되고 있는데 "다리 예화"를 중심으로 살펴보면 하나님의 사랑, 인간의 문제, 하나님의 해결책, 인간의 응답의 순서로 구성되어 있다. "인간은 하나님과 교제 가운데 풍성한 삶을 누릴 수 있었다"고 말한다. '하나님과 사람 앞에 놓인 다리는 단 하나밖에 없다'고 강조하고 그 다리는 바로 십자가에서 죽으신 예수 그리스도라고 밝히고 있다. 만일 믿기만 하다면 요한복음 5장 24절의 "영생을 얻었고 심판에 이르지 아니하나니 사망에서 생명으로 옮겼느니라"를 누릴 수 있는 것이다. 이는 논리적으로 잘 요약하여 복음을 제시하고 그림을 그려가며 설명하므로 듣는 이가 이해가 빠른 장점이 있다.

③ 전도 폭발

이 전도방법은 미국 플로리다주 코럴 릿지 장로교회의 제임스 D. 케네디 목사에 의해 만들어진 것이다. 목회 초기에 실패를 경험하고 낙담하던 중 조지아주 데케류의 한 교회의 능숙한 전도 방법을 통해 믿는 사람들이 많아지는 것을 보고 도전 받고, 자신의 교회에 적용하여 많은 결실을 얻게 되었는데, 이것이 실습훈련의 원리에 초점을 둔 전도폭발의 원리가 되었다.

이 전도법으로 자신이 전도하는 것보다, 전도자 한 사람을 훈련하는 것이 더 중요함을 깨닫게 되었는데, 이는 인구의 기하급수적 증가를 따라가기 위해서는 기하급수적 번식을 하는 전도방법이라야 한다고 생각했기 때문이다. 전도폭발훈련은 시행착오를 거듭한 후에 16주 훈련과정으로 실시하되, 한 명의 훈련자가 두 명의 훈련생을 데리고 나가는 방법을 취하게 되었으며, 훈련의 형태도 강의실 수업과 가정 연구과제와 현장실습이라는 세 가지 형태로 이루어진다. 이것이 우리나라에 들어온 것은 1982년 남서울 교회를 중심으로 시작된 것으로, 1983년 10월 제1차 국제전도폭발 한국지도자 임상훈련이 실시되었고, 1984년 6월 국제전도폭발 한국본부가 승인되었다. 이 훈련은 일주일 동안의 임상 훈련에 참가한 목회자가 양질의 훈련을 위하여 두 명의 훈련생을 모집, 16주 동안 훈련시킨다. 이렇게 훈련 받은 훈련생은 두 명의 훈련생을 다시 모집해 16주 동안 훈련시켜 전도자를 배가 시켜 나가게 된다.

전도폭발의 내용은 서론, 복음제시, 결신, 즉석의 양육지도 등 크게 네 부분으로 이루어져 있다. 이 내용은 그 자체가 완성되었다기보다 평신도들에게 어떤 도움을 주고, 안내를 해주고, 방향을 제시하는 것이다. 그러기 위해 필요한 성경구절들과 예화들을 기본적인 자료로 제공하고 있다. 훈련생들은 이 자료를 가지고 활용하게 되는 것이다. 이 전도법은 전도자와 대상자 사이에 자연스런 대화 사이에 종교적 배경과 교회에 대한 관심을 이야기하고 간단한 간증을 이야기 한다. 그리고 두 가지 질문을 한다. "당신은 신앙생활을 하는 중에 오늘이라도 이 세상을 떠난다면 천국에 갈 것을 확신하십니까? 그리고 만일 당신이 오늘 이 세상을 떠나 하나님 앞에 가서 섰는데 당신에게 내가 너를 나의 천국에 들어오게 해야 할 이유가 무엇이겠느냐? 고 물으신다면 어떻게 대답하시겠습니까?" 이 질문 후에 복음을 제시한다.

　이 전도법의 복음제시는 5가지이다. '은혜', '인간', '하나님', '그리스도', '믿음' 등이다. 여기에 하나님의 속성은 '자비하심과 공의'이다. 하나님은 자비하셔서 우리의 죄를 처벌하기를 원치 않는 분이시나, 그분이 의로우사 죄를 벌하지 않으면 안 된다는 것이다.
　그 해결책으로 그분의 아들을 세상에 보내셨다. '인간은 죄인이다', '자신을 스스로 구원할 수 없다', '스스로의 능력으로는 천국에 갈 수 없다고 못 박는다' 이는 기독론의 '그리스도는 무한하신 하나님이신 동시에 참인간이다'는 말에 잘 나타나 있다.
　예수 그리스도를 우주의 창조자요 삼위일체의 2위이신 하나님으로 말하면서 그분이 인간의 육신을 입고 세상에 오셨다고 설명한다. 이는 단순한 전도 이론만이 아니라 실제 사역을 중시하며 전도전략을 포함하고 있어 전도현장에서 많이 사용되고 있다.

　그러나 전도방법은 오늘날 이기주의가 팽배해 왔고, 고도의 기술이 발달한 상황, 시간을 귀하게 여기는 시대. 그리고 맞벌이해야 하는 경제적 상황 때문에 일부러 모르는 사람에게 시간을 내어 만나고 복음의 내용을 다 이해하고 예수님을 영접하기에는 근본적인 한계를 가진다.
　또한 미국의 상황은 70-80%가 천국이 있다고 믿는 상황과 달리 우리나라는 무속과 이생에 관심이 많아서 현세적인 축복을 원하는 사람들이 많이 있기 때문에 갑자기 죽음의 상황을 가정한다고 하는 것이 오히려 반감이니 거부감을 줄 수 있음을 주의해야 한다.

3) 생활 전도

생활전도란 전도인이 전도대상자에게 생활 속에서 '그리스도의 인격'으로 친분을 맺고, '그리스도의 사랑'을 베풀면서 함께 그리스도 앞으로 나오는 것이다.

생활 전도의 성경구절은 마태복음 4장의 예수님께서 가르치신 산상수훈 가운데 "이같이 너희 빛을 사람 앞에 비췌게 하여 저희로 너희 착한 행실을 보고 하늘에 계신 너희 아버지께 영광을 돌리게 하라"(마 5:16) 와 "너희가 이방인 중에서 행실을 선하게 가져 너희를 악행하다고 비방하는 자들로 하여금 너희 선한 일을 보고 권고하시는 날에 하나님께 영광을 돌리게 하려 함이라"(벧전 2:12)하는 구절에서 찾아 볼 수 있다.

또한 사도 바울은 "선한 일을 행하고 선한 사업에 부하고 나누어 주기를 좋아하며 동정하는 자가 되게 하라. 이것이 장래에 자기를 위하여 좋은 터를 쌓아 행실이 영혼을 구원하는 토대가 됨"을 말하였다.

생활전도의 저자 이왕복은 전도인의 삶의 모습은 물건을 사기 전에 미리 보는 견본품과 같고, 미리 보게 되는 영화의 예고편과 같은 것으로 비유하고, "전도인의 삶의 모습은 바로 살아있는 전도지이며 불신자를 주님 앞으로 안내하는 이정표와 같다"고 말한다.

이 전도의 장점은 첫째, 복음제시 전도는 전도의 은사를 받은 10%

의 성도들이 할 수 있는 반면 생활전도는 90%이상의 성도들이 참여 할 수 있다. 둘째, 불신자들과 함께 살아 빛과 소금의 역할을 해야 하기 때문에 참신한 기독인의 삶을 살 수 있다. 셋째, 어떤 틀에서 벗어나 상황에 맞게 전도전략을 고안할 수 있다. 넷째, 대상자의 감정을 존중하며 그들과 더불어 계속적인 아름다운 교제를 유지 할 수 있다.

이 전도법은 전도자들이 섬김과 실천 사랑을 베푸는 선행이 중요하다. 몸이 불편한 사람을 위해 집안일을 돌보아 주는 일, 그리스도인답게 기업을 경영하고 고객을 대하는 일, 고난당하는 사람의 친구가 되어주고 어려운 사람을 구제하는 일 등 이런 나눔과 섬김의 삶이 그리스도의 사랑을 보여주는 복음적인 전도가 되는 것이다. 이럴 때 전도자의 영광을 받을 수 있다.

그러나 개인의 덕을 세우는데 그치지 않고 그리스도의 이름을 영화롭게 하는 사역이 되기 위하여 전도자는 늘 겸손으로 무장하여 영광을 올려 드리는데 부족함이 없어야 하는 것을 잊지 말아야 한다.

4) 집회 전도

교회가 전통적으로 사용해 왔던 전도전략 가운데 하나가 집회형 전도전략이다. 전국적인 규모로 전 지역을 포함하는 전도 프로그램을 진행시킬 수 있는 것이다. 1963년 일본에서, 그리고 1965년에는 브라질에서 연합집회가 이루어졌고, 1965년 한국에서도 교회들이 연합한 가운데 효과적인 전국 규모의 집회가 있었다. 현재 곳곳에서 일어나고 있다. 이럴 때 불신자들을 데리고 전도하는 형태를 말한다.

5) 총동원 전도

총동원 전도란 교회가 가지고 있는 인적, 물적, 재능적 자원 등 모든 힘을 동원하여 전도하는 것을 말한다. 어린아이부터 노인들까지 모두를 전도하는 총동원 전도라고 할 수 있다. 총동원 전도는 '심층 전도'라고 말한다. 처음에는 빌리 그래함의 대중전도운동의 맹점을 보완하기 위해 나왔다.

심층전도운동에서는 장기간에 걸쳐 모든 교회와 평신도들이 다 참여하여 일제히 전도운동을 벌이고 일련의 지역 단위 전도가 전국에서 실시되고 그 전도의 정점으로 대도시 전도 집회를 실시하는 것이 총동원 전도였다.

우리나라에서 1974년 실시된 "엑스폴로 74"와 1980년 실시된 "세계복음화대회"가 그런 의미에서 총동원 전도라고 할 수 있다. 총동원 전도의 장점은 총동원 주일을 설정하여 모든 교인들이 전도에 참여보다 눈에 집적 보이는 효과가 가시적으로 전도의 결과를 나타낼 수 있다는 장점이 있다.

그러나 문제는 타 교회 교인들을 끌어오는 일시적 수평이동 현상이 나타날 수 있다는 것이다. 교회가 가지고 있는 인적, 물적, 재능적 자원 등을 총동원하여 교회의 자원을 소진하여 행사를 진행하나 교회통계에는 큰 변화가 없이 밀물처럼 왔다가 썰물처럼 빠져 버리는 측면이나 연예인을 동원하고 행운권 추첨 등 오락 프로그램의 분위기와 사행심을 조장하므로 교회성장이 아니라 오히려 교회와 신앙을 병들어가게 하는 경향도 있을 수 있다는 것이다.

그러나 철저하게 개인주의화 되고 포스트모던 문화의 변모된 사회가운데 살게 된 현대인에 대한 이해가 필요하며, 복음을 전하는 방식 또한 개개인에 적합한 방식으로 감성적이고 다양한 통로를 통한 접근이 필요하다.

이제는 프로그램 중심에서 사람 중심으로, 일회성 행사 중심에서 관계 중심으로, '오라' 구조에서 '가라' 구조로 변모된 전도운동이 모색되게 되었다. 또한 이후로 대각성 집회(사랑의교회 중심)와 태신자 전도(왕성교회 중심)으로 이루어졌다.

6) 관계중심 전도

관계중심의 전도전략은 모든 그리스도인들이 자신의 인격과 삶을 통하여 불신자들과 의미 있는 친분관계를 맺음으로 그들을 그리스도에게로 인도하여 제자를 삼아 그리스도의 몸을 이루게 하는 전도전략을 말한다.

인간은 살아가는 동안에 서로 수많은 인간관계를 맺고 살아간다. 태어나면서 부모, 형제라는 관계에서 시작하여 혈연, 지연, 학연 그리고 직장과 사회생활을 통한 많은 인간관계들이 마치 그물처럼 서로 얽혀있다. 관계중심 전도란 이와 같이 많은 인간관계를 중심으로 전도대상자를 물색해서 전도하는 방법을 말한다.

이는 오이코스 전도 또는 네트워킹 전도, 결연전도로 표현되기도 한다. 전도인이 될 때까지 장기간 관계를 강조하는 이슬비 전도편지는 문서를 통해 관계형성을 시도한 것으로 높이 평가한다.

그러나 21세기에는 편지도 모든 매체를 통해서 전달하므로 다시 한번 양식과 문화를 정확히 진단하고 과거의 방식과 한계를 넘어서 보다 효과적인 전도전략을 세워야 할 것이다.

현대인들은 전통적인 가족과 이웃의 개념이 무너지고 인간관계가 파편화 되어 단절된 포스트모던의 사회 속에 살고 있다. 극도의 물질주의, 급속한 변화 무한한 경쟁과 성공위주의 사회, 인간관계 단절 등으로 심각한 인간소외, 고독감, 엄청난 스트레스, 삶의 의미와 가치상실, 영적빈곤 등에 시달릴 것이다. 그럴수록 21세기 인간들은 인간내면의 추구, 영성에 대한 강한 욕구와 함께 본능적으로 가족과 이웃을 그리워할 것이다.

"그러므로 무엇이든지 남에게 대접을 받고자 하는 대로 너희도 남을 대접하라. 이것이 율법이요 선지자니라"(마 7:12)는 말씀은 바람직한 인간관계의 단초가 무엇인지를 보여준다. 즉 메마르고 각박한 시대 가운데 가족을 중요시하고 이웃을 생각하는 관계전도는 가장 유효한 전도방식이다.

이 전도전략의 포커스는 내가 아니라 이웃이다. 그리스도인의 변화는 철저하게 이웃을 위한 변화가 되어야 한다. 그러기에 관계전도는 21세기 사회를 치유하는 대안이며, 전도의 메가트렌드가 될 것이다. 이를 죠지 헌터는 "신앙은 대대 모르는 사람들 사이에서 퍼지는 것이 아니라 서로 친분이 있고 신뢰하는 사람들 사이에서 퍼진다"라는 점을 강조한다.

현대인들은 무엇인가에 목말라 하는 것처럼 분주하고 고독하다. 무엇인가 의지하고 싶어 하는 것 같다.
이성적이고 과학적인 메마름에서 사랑을 갈구하고 어디엔가 터놓고 싶은 마음을 가지고 있는 것 같다. 죄인을 용서하시고 예수 이름을 부르기만 하면 구원을 얻는(롬 10:13) 하나님의 품으로 인도해야 한다. 관계전도 전략은 이 시대에 맞는 유익한 전도전략이다.
관계만 맺고 예수 그리스도를 전하지 않는다면 하나님의 영광이 나타나지 않은 것이다. 복음전도에 초점을 맞추고 늘 영혼을 주님께로 인도하는 것을 목표로 삼아야 한다.

① 관계의 즐거움을 가지라
하나님께서는 인간이 서로 관계를 맺으면서 살아가도록 설계하셨다. 사실 우리 사회는 수많은 관계망으로 형성되어 있다. 이 관계망은 복음이 흘러가는 통로이다. 그러므로 관계를 개선하고 확대하라. 관계가 전도의 열쇠이다. 복음전도의 본질은 함께 머물며 관계를 맺고 서로 사랑하는 것이다.

신앙생활은 하나님과의 관계이다. 결혼생활은 부부간의 관계이다. 사회생활은 주로 이웃과의 관계이다. 관계를 붙잡으면 신앙, 결혼, 사회 등 모든 분야에서 성공할 수 있다. 인생이 즐거워지고 행복해진다.

21세기의 불안과 고통은 하나님과 영적인 세계에 대한 갈증을 유발시킬 촉매제가 된다. 현대인들을 깊이 사랑하며 그들과 함께 울고 웃을 수만 있다면 전도는 자연스럽게 일어날 것이다.

낯선 사람에게 먼저 인사하여 말을 건네는 것, 이것이 참된 기독교의 영성이며 진정한 용기이다. 낯선 사람과 대화를 시작하고 싶을 때 먼저 인사하면서 존경과 친근함을 표현하자. 가벼운 인사 한 마디가 대화의 문을 활짝 열어준다. 늘 웃으라. 웃음은 전염이 된다. 미소 짓는 것은 사랑의 첫 번째 표현이다.

비기독교인과 교제권을 형성하기 위해서는 항상 섬기는 입장에 있어야 한다. 그들을 섬기기 위해서는 먼저 자신과의 싸움에서 철저히 승리해야 한다. 그러면서 영혼을 구하는 일이라면 어떠한 자리에라도 가리라는 기도를 늘 준비해야 한다.

② 접촉점을 활용하라(다리 놓기)
사람들을 만날 때 그들의 관심사가 무엇인지 찾아내라. 그리고 관심사에 대해 이야기 하라. 우리는 다리 놓기를 하고 관계를 세워줌으로서 지속적이고 보람된 과정을 보게 된다. 기쁠 때 함께 기뻐해

주고 힘들 때 함께 있어 주는 것, 그것이 관계를 구축하는 가장 좋은 방법이다.

[기쁨의 순간에 다리 놓기]

출산하여 아이가 태어났을 때 선물이나 카드를 보내는 것도 관심을 표현할 수 있는 좋은 방법이다. 하지만 직접 병원으로 찾아가면 다리를 놓고 싶은 그 사람에게 더 큰 관심을 보여 줄 수 있다. 산모와 아이가 퇴원을 했을 때 어떤 식으로 필요를 채워가며 관심을 표현할 수 있을지 고민하여 수고했다고 말하며 꽃을 선물하거나 휴식시간을 가질 수 있도록 아기를 돌봐준다고 자청해보면 많은 감동을 줄 것이다.

생일 축하카드를 보내는 것도 다리를 놓는 중요한 방법이다. 생일은 아주 특별한 날이므로 카드 한 장이 변화를 이끌어 낸다. 경사, 승진, 감사, 졸업 등의 기념일에 다리를 놓을 수 있다. 기쁠 때 언제인지 알아내고 함께 기뻐하라. 관심을 보이라. 이것이 다리 놓기의 첫걸음이다.

[아픔의 순간에 다리 놓기]

질병으로 누군가가 힘들어하고 아파할 때 다리를 놓을 수 있는 좋은 기회가 된다. 도무지 다가갈 수 없을 거라 생각했던 사람이라도 병원에 입원하거나 심각한 상황에 놓이게 되면 마음을 연다. 다리 놓을 기회를 얻을 것이다. 마음이 우울해지고 자기 연민에 빠져들 때 환자들에게 다가가라. 아파하고 상처받는 그들을 찾아가서

도움이 필요한 그들을 돌아보라.

먼저 말하기 전에는 개인적인 질문이나 환자에 대한 당혹스러운 질문을 하지 말라. 안 좋은 소식을 전하지 말고 방문 시간을 짧게 하고 얼굴에는 미소와 마음에는 승리를 담고 가라. 용기가 될 만한 소식을 전하고 입원환자가 관심을 가질만한 좋은 이야기를 하고 병세가 호전되기를 위하여 기도하겠다고 자원하면 특별한 다리가 놓여 질 것이다.

슬픔에 잠겨있는 이들에게 다가갈 때 다리를 놓을 수 있는 놀라운 기회가 생긴다. 사랑하는 이를 잃은 사람에게 당신이 하는 말보다 당신이 염려하는 마음, 당신이 사랑으로 다가가고 있다는 사실이 더 중요하다. 아무 말이 필요 없는 때도 있다. 그저 곁에 있어 주고 자리를 지켜주는 것으로 충분하다. 그것만으로도 그들의 잊을 수 없는 사람으로 남는다.

어려움에 놓여 있는 사람에게 다가가 다리를 놓으면 그들은 절대 당신을 잊지 않을 것이다. 즉 경제적 위기, 실직, 결혼생활의 위기, 자녀와 관련된 어려움이 닥쳤을 때도 다리를 놓을 수 있다. 모든 사람의 가장 깊은 필요는 바로 그리스도다. 때문에 다리를 놓다 보면 복음을 전할 기회가 열리게 된다.

지금 우리 사회는 관계성 단절로 고통을 겪고 있다. 21세기 교회의 시급한 과제는 날로 파편화되고 있는 사람들 사이의 관계성 회복이다. 위대한 인물들을 접할 때 느낄 수 있는 공통점은 회복이다. 첫째는 그들이 한결같이 사람을 좋아한다는 것이고, 둘째는 일보다 관계를 우선한다는 것이고, 셋째는 그 관계를 통해 적극적으로 섬기려고 한다는 것이다.

전도를 위해서 먼저 자신의 마음을 열고 사람들에게 친절하게 대하며 이웃의 삶을 공감하며 진심으로 함께 기뻐하고 슬퍼할 때 우리는 선한 이웃이 되어 간다. 섬김과 사랑을 실천하여 작은 예수님의 삶을 통해 언제나 누구라도 전도할 수 있는 가능성을 보여 줄 것이다.

7) 맞춤 전도

개인주의화 되고 다원화된 문화의 기반 가운데 살고 있는 현대인들을 향한 새로운 패러다임의 교회중심 전도전략이 바로 '맞춤전도'의 개념이다. 맞춤전도는 복음과 전도대상자의 접촉점을 정확하게 파악하여, 복음을 시대적 언어로 표현하고, 그들에게 적합한 프로그램을 제공함으로써 복음을 전하는 사역이다.

예수님도 복음을 전하실 때 언제나 복음을 듣는 대상의 수준과 필요에 따라 다른 방법으로 설명하였다. 니고데모에게는 '거듭남'으로 들어가는 '하나님 나라'에 대하여 설명하였다(요 3:3).
우물가에서 만난 사마리아 여인에게는 처음부터 끝까지 '물'이라는 단어로 하나님과 구원을 설명하였다(요 4:4-11). 어떻게 하면 영생을 얻을 수 있느냐고 찾아온 부자 청년관원에게는 재산을 다 가난한 사람들에게 나눠주고 나를 좇으라고 요구하셨지만(눅 18:22), 여리고의 세리 삭개오에게는 그런 요구를 하지 않으시고, 네 집에 유하겠다고 말씀하심으로 그의 친구가 되어 주셨다(눅 19:5).

예수님은 각 사람의 필요를 정확하게 아셨고 그들의 필요에 맞는 말씀을 하신 것으로 예수님의 메시지는 한마디로 '맞춤 메시지'였다. 예수님께서 각 사람에게 접근하시고 초청하시며 대화를 나누신 방법 또한 상대의 필요에 따라 다른 맞춤 방법을 사용하셨다.

맞춤전도란 '대상자들을 세분화하여 그 필요에 부흥하는 전도전략을 개발하고 문화적, 심리적 접근 방법을 접목시켜 불신자들에게 효과적으로 전하는 방법'이라고 말할 수 있다.

이처럼 맞춤전도가 시도되는데 있어서 상당한 영향을 미친 것은 기업경영 전략 중 하나인 고객중심 관리 시스템으로 기업이 구매력을 가진 사람들에 대해 치밀하게 조사하고 이들의 필요를 채워주는 것처럼 전도대상자에 대한 이해와 연구를 통해 잃어버린 영혼의 영적 필요를 구체적으로 채워 주는 전략 가운데 맞춤전도가 시작되었던 것이다.

이런 맞춤전도는 불신자를 전적으로 이해하는 전도이다. 이 전도법은 철저하게 불신자에 대한 이해를 기초로 하여 그들을 위한 전략적 접근 방법을 취한다는데 있다. 맞춤전도는 어린이면 어린이, 20대는 20대, 30대는 30, 40대는 40, 또한 같은 직업을 가진 자들까지, 50대, 60대 등을 분석하여 같은 환경과 모습의 대상자를 교회로 모셔 와서 맞춤전도 집회를 하고 꽃과 선물을 나눠 주고 대상자들을 보살피는 전도법이다.

그리고 2-3주 동안 양육하는 전도법이다. 그러나 맞춤전도법은 지금 이 시대에 아주 훌륭한 전도법인 것을 알 수 있지만 전도자가 영적으로 회복하고 감성지수의 역량을 높이는 부분에서는 부족한 것을 볼 수 있다. 또한 대형교회에서 많은 전도자들이 있을 경우는 가능하지만 개척교회나 미자립교회나 전도자가 적은 교회에서는 어려움을 겪을 수 있다.

7. 전도 소그룹의 활성화

1) 전도 소그룹의 정의

전도란 예수 그리스도를 자신의 구주로 영접하고 하나님을 믿게 하려는 목적으로 십자가에 죽으시고 부활하심으로 인류의 유일한 구주가 되신 예수 그리스도를 전파하는 것이다. 이런 이론을 근거로 소그룹에서의 전도는 불타는 마음과 열정이 필요하며 복음의 증인이 되어야 하는 소명의식이 필요하다. 소그룹원들이 초대교회와 같이 영성이 충만해지면 자연히 전도에 관심을 가지도록 소그룹의 지도자는 관심을 가져야 한다. 교회의 목회자와 지속적인 관계 속에서 소그룹원들이 해야 할 프로그램을 만들어 소그룹원들이 전도를 하도록 해야 한다.

교회 공동체 속에 소그룹이 교회와 세상과의 중간지대이기 때문에 주대식 목사는 그의 Th. M 논문 "한국교회의 구역예배에 관한 연구"에서 전도를 하기 위해서 전도자 확보가 필요한데 전도를 받아들일 가능성이 많은 대상자를 확보하는 일의 중요성을 이렇게 말하고 있다.

① 우리교회 예배시간이나 소그룹 예배에 참석한 일이 있는 사람
② 우리교회 주일학교에 나오는 학생들의 부모님이나 가족들
③ 소그룹 내에 새로 이사 오는 가정
④ 소그룹원들이 잘 알고 있는 이웃으로 소그룹 리더는 이와 같이 사람들을 뽑아 전도대상자 카드를 만들어 두고 늘 기도하며 소그

룹원들과 함께 전도전략을 숙지해야 한다.

　소그룹의 전도의 대상자를 확보하기 위한 일의 중요성을 가지고 기도하고 준비하게 될 때는 불타는 증인으로서의 사명을 다하게 될 것이다. 소그룹의 문제점 중 가장 심각한 것은 소그룹이 세상을 향하여 닫혀져 있다는 것이다. 이것은 소그룹이 영혼을 구원하는 일에 힘쓰지 않고 있기 때문이다. 소그룹에서 친교만 강화되고 더 이상 새로운 사람이 와서 정착하기 힘든 경우가 많아, 기존의 소그룹 구성원들이 자기들만의 관계에 집착함으로 소그룹의 분가를 원치 않으면 소그룹은 더 이상 소그룹으로서의 생명을 잃은 것이나 마찬가지이다.

　소그룹은 전도의 센터가 될 수 있다. 비신자들과 계속 접촉하지 아니 할 수 없는 소그룹은 교회와 세상과의 만남의 장소가 되므로 하나님의 사랑을 실천할 수 있고 복음을 전파하기에 적합한 곳이라 할 수 있다. 그러므로 구역, 속회, 목장, 셀을 아예 전도 소그룹으로 바꾸어서 구역장, 속장, 목장, 셀 리더를 훈련시키자는 것이다. 구역, 속회, 목장, 셀을 전도 소그룹으로 접목하여 서서히 전환시켜 효과적인 전도를 하기 위해서 소그룹을 새롭게 정비하고 훈련하는 것을 목회의 과제로 삼고자 한다.

2) 소그룹 전도의 목적

① 하나님의 영광

그리스도인의 생활은 하나님의 영광과 직결되어야 한다. 사도 바울은 "하늘에 있는 자들과 땅에 있는 자들과 땅 아래 있는 자들로 모든 무릎을 예수의 이름에 꿇게 하시고 모든 입으로 예수 그리스도를 주라 시인하여 아버지께 영광을 돌리게 하셨느니라"(빌 2:10-11)라고 말씀하심으로 불신자 전도를 통하여 주님께 돌아오는 영혼이 많을 때 하나님께 영광이 된다고 하셨다.

전도는 곧 하나님의 영광을 위한 것이라고 할 수 있다. 웨스트민스터 소요리문답 제1문에는 '사람의 제일 되는 본분은 하나님을 영화롭게 하는 것과 영원토록 그를 즐거워하는 것'이라고 하였다.

전도는 곧 신자들의 본분이며 하나님의 영광을 드러내는 최선의 길이다.

② 영혼 구원

전도는 영혼의 구원을 위해서이다. 요한복음 3장 16절에서 "하나님이 세상을 이처럼 사랑하사 독생자를 주셨으니 이는 저를 믿는 자마다 멸망치 않고 영생을 얻게 하려 하심이라"고 말씀하셨다. 그럼에도 인간들이 거절하므로 현재까지 단절되어 있을 뿐 아니라 영원히 단절되어 있을 것이다. 그런데 인간이 하나님과의 관계가 회복되고 구원을 받을 수 있는 길은 오직 예수 그리스도를 믿는 길 밖에 없다고 성경은 말한다. "천하 인간에 구원을 얻을 만한 다른 이름을 우리에게 주신 일이 없다"(행 4:12)고 했다.

소그룹에서 전도하는 궁극적인 목적은 하나님께 영광을 돌리며 하나님을 기쁘시게 하는 우리의 삶이 되는 것이다.
예수님은 "너희가 과실을 많이 맺으면 내 아버지께서 영광을 받으실 것이요, 내 제자가 되리라"(요 15:8)고 말씀하셨다. 열매를 맺지 못하는 가지는 존재의 가치가 없기 때문에 예수님은 "열매 없는 무화과나무를 저주하셨고"(마 21:19), "포도원 주인은 삼년씩이나 무화과 열매를 맺지 않는 나무를 땅만 버린다고 찍어 버리라"(눅 12:6)고 하셨다. 또 예수님은 "아버지께서 내게 하라고 주신 일을 내가 이루어 아버지를 이 세상에서 영화롭게 하였다"(요 17:4)라고 말씀하셨듯이 주님은 인간의 구원을 하나님께 영광을 돌리는 목적을 위한 것으로 보고 있다.

소그룹원들이 전도하는 목적은 하나님 나라의 성취를 위해서이다. 성도들의 최대 소망은 하나님 나라가 이 땅에 이루어지도록 소그룹원들이 전도하는 것이다.
특히 소그룹원들이 전도하는 중요한 목적은 불신자들에게 다가가서 그들의 회심과 그들의 수가 교회에 더하게 함으로 교회가 성장하게 되는 것이고, 그리스도의 왕국을 확장하는 것이 소그룹원들의 사명이다. 복음을 듣고 신앙고백을 하는 것으로 그치는 것이 아니라 소그룹원들이 새로운 신자들을 재생산하는 자로서 끊임없이 전도와 재생산하는 신자를 만들어서 교회를 성장하게 하는 것이다. 죄로 인하여 죽었던 하나님의 택하신 백성을 예수님의 이름으로 구주를 믿게 하여 구원을 얻게 하며, 재생산하는 전도자가 되도록 함으로써 교회의 성장을 이루는 동시에 교회와 하나님 나라가 이루어져 나가는 것이다.

소그룹 활동에서 가장 중요한 것은 전도활동이다. 가장 가까운 이웃들로 구성된 소그룹은 전도의 최전방이라고 해도 무방하다. 교회는 그 지역에서 복음을 전하도록 위탁을 받았다. 그 지역에 복음을 전하도록 하는 것이 그 교회의 사명이요 목적이다.

그러나 오늘날 지역이 무너졌다. 지구촌이 된 지금은 조금 다른 상황이다. 정보가 인터넷을 타고 바로 전 세계에 전해지는 현대에서는 그 지역이라는 것이 무색하다. 그렇지만 그 교회가 있는 것은 그 지역사회에 복음을 전하기 위해서 있다. 대형교회에서 좋은 프로그램을 개발하고 그 프로그램을 이용하여 지역과 상관없이 성도들을 모으고 있다지만 교회는 그 지역에 복음을 전할 의무가 있는 것이다.

③ 하나님 나라의 확장

모든 성도들의 최대의 소망은 하나님의 나라가 우리 세대에 이루어지는 것이다. "이 천국 복음이 모든 민족에게 증언되기 위하여 온 세상에 전파되리니 그제야 끝이 오리라"(마 24:14)는 말씀대로 이 세상의 종말은 모든 사람에게 복음의 소식이 전해질 때 하나님의 나라가 이 땅에 성취될 것이다. 그러므로 모든 성도들은 열심을 다해 복음을 전하여 하나님 나라가 속히 이 땅에 이루어지도록 힘써야 한다.

3) 소그룹 전도의 필요성

소그룹은 시작할 때부터 전도와 성장에 초점을 맞추어 새로운 소그룹이 재생산되는 것을 목적으로 삼아야 한다. 소그룹은 단순히 전체 교인을 지역과 숫자를 기준으로 구분해 놓은 조직이 아니다. 소그룹은 비록 작은 조직체이지만 자생적인 생명력을 가지고 생동하고 성장하는 교회의 기본 생명체이다.

소그룹이 자생력을 지니고 있다면 소그룹은 성장할 뿐 아니라 새로운 소그룹을 낳게 된다. 그러므로 소그룹의 모든 사역은 전도와 유기적인 관계를 가져야 한다. 소그룹에서 이루어지는 양육과 기도, 교제와 섬김은 결국 전도를 통한 재생산으로 이어져야 한다.

성경공부와 기도회가 잘 이루어져도 전도가 없는 소그룹은 죽은 소그룹이다. 소그룹은 믿지 않는 사람을 자연스럽게 불러 모을 수 있으며 개인적인 관심과 섬김으로 꾸준히 그리스도인으로 세워 갈 수 있는 곳이다. 따라서 소그룹은 가정 복음화와 지역 복음화를 위한 끊임없는 중보기도와 전도를 시행해야 한다. 그러므로 전도에 있어서 소그룹 전도만큼이나 효과적이며 안정적인 방법이 없다.

초대교회의 교인들은 그리스도의 기쁜 소식을 다른 사람들에게 전하기 위해서 세 가지를 하나님께 드렸다.

첫 번째는 가정(home)이요, 두 번째는 소유물(property)이요, 세 번째는 친분관계(friendship)였다. 가정은 이웃을 초청하여 대접하여 섬기며 사귀어서 그리스도를 소개하는데 최적의 장소이다.

① 얼굴을 맞대고 자신의 이야기를 마음껏 할 수 있는 곳
② 서로의 이야기에 귀를 기울이는 곳
③ 모든 사람이 자신의 이름을 불러 주는 곳
④ 서로의 삶을 함께 나누는 곳
⑤ 서로를 위해 기도를 해주는 곳
⑥ 세상에 있으면서 천국을 맛보는 곳
⑦ 하나님의 공동체를 형성시켜 나아가는 구심점이다.

4) 소그룹 전도의 유익

소그룹 조직을 '전도 소그룹'으로 시스템 원리를 전환하는 것은 교회적인 유익이다. 이것은 특별 전도팀을 따로 만들기 보다는 기존 구역, 속회, 목장, 셀을 전도 소그룹으로 전환하자는 것이다. 특별 전도팀이 독립적이라면 소그룹 전도는 교회 전체적으로 유기적 관계를 맺고 있기 때문에 전도의 생활화를 교회 전체적으로 정착화 시키기에 적합한 것이다.

아울러 소그룹 전도는 개인전도의 문제점을 보완한다. 예를 들면 전도자가 축호전도 시 피전도자의 다양한 상황에 맞추기 어렵다는

것이다. 때로는 상대가 이성이라서 곤란하고, 세대가 크게 차이 나서 어렵거나 혹은 가정 형편이나 배경의 차이도 전도에 제약이 될 수 있다. 그러나 그룹으로 전도하는 소그룹 전도는 이런 제약들을 크게 극복할 수 있다. 소그룹 안에 이미 다양한 조건과 모습들을 갖추고 있기 때문이다. 이에 소그룹 전도의 유익으로 다섯 가지를 들 수 있다.

① 소그룹원들이 하나 될 수 있다.
소그룹 전도를 준비하면서 성도들이 하나가 될 수 있다. 소그룹 전도는 혼자의 힘으로서는 실시하기 힘든 일이기에 소그룹원들이 힘을 모아야 한다. 소그룹 전도를 위해 적절하게 각자 고유의 업무를 분담하고 협력할 수 있다.
대상자들의 접촉 결과를 데이터화하는 작업과 그들을 위한 도고 기도를 이끄는 역할 그리고 그들을 소그룹 모임에 초청하기 위한 프로그램 기획과 진행, 준비물 등 서로 힘을 모아 역할을 분담하면 훨씬 쉽게 큰 힘을 발휘할 수 있다. 이처럼 전도는 물론 개인이 힘써야 할 부분이지만 소그룹원들이 더욱 협력하여 감당할 수 있다.
초대교회가 건강한 소그룹으로 그들이 외부로부터 칭찬을 받았고 믿는 자들의 수가 더하여 갔던 것처럼 소그룹 전도는 건강한 그리스도인 공동체를 만드는 원동력이다.

② 기도하는 성도들이 될 수 있다.
영혼을 구원의 길로 인도하려면 당연히 기도로 준비해야 하기 때

문에 자연스럽게 기도하는 성도들이 된다. 지역 노방 축호 전도를 나가기 전 합심하여 뜨겁게 기도하게 되고 돌아와서 접촉자들을 위한 도고 기도를 하게 된다. 그리고 접촉자들을 소그룹 모임에 초청하는 집회를 위하여 연합해서 혹은 개인적으로 순번을 짜서 하는 등 많은 기도를 하게 된다. 초청을 앞두고 기도 체인을 만들거나 한 끼씩 금식하며 기도하는 것은 목적을 가진 구체적이고도 적극적인 기도이다.

③ 비신자에 대하여 관심을 갖게 된다.

소그룹에서 계획하고 사람들을 소그룹 모임에 초청한다고 해서 쉽게 오지 않는다. 그렇기에 이웃들에 대해서 얼마나 잘 대해야 하는지를 뼈저리게 느끼고 끊임없이 관심을 가지고 이웃을 대해야 하는 필요성을 느끼게 된다.

전도 전 관심 없이 이웃을 대하다가 이제는 영혼을 인도하겠다는 생각으로 대하다 보니 자연히 이웃에 대해 깊은 관심을 갖고 다가서게 된다. 그러므로 소그룹 전도는 성도들이 이웃들과 어떤 관계를 맺고 사느냐에 따라 성패가 좌우될 수 있다.

스티브 시외그렌은 "우리가 사랑의 작은 행동을 통하여 사람들과 접촉하게 되면 그들은 자연스럽게 교회에 관해 알고 싶어 하고 호감을 갖게 된다."며 섬김의 전도를 강조하였다. 그의 말은 전도의 출발은 말이 아니라 하나님의 사랑을 이 세상에 나타내는 것이라는 것이다. 우리가 하나님께 붙들린 바가 되어 작은 일에서부터 불신자들을 섬기면 그들은 "도대체 왜 이런 일을 하느냐?"고 묻게 되고 우리는 "하나님이 당신을 사랑하시기 때문이다"라고 대답하면 된다는 것이다.

④ 전도에 담대함이 생긴다.

복음을 조리 있게 전하기 위해서는 전도에 대한 기본적인 훈련이나 담대함이 있어야 한다. 그래서 전도를 해야 한다는 부담감은 있지만 선뜻 나서지 못하는 것이 사실이다. 그러나 평소에 전도에 대한 두려움이 있는 성도라도 소그룹에서 함께 전도를 하면 전도에 대한 두려움의 벽이 쉽게 깨지게 된다.

⑤ 지속적인 전도가 이루어진다.

전도는 무엇보다 시간 싸움이다. 단 번에 혹은 짧은 시간에 전도되는 경우는 많지 않기 때문이다. 많은 경우 충분한 시간-몇 주에서 때로는 몇 달, 몇 년까지도-을 가지고 접근해야 한다. 그러므로 혼자서 전도하면 처음 열정이 사라지면서 전도가 중단되는 경우가 많다. 이것은 차라리 하지 않는 것보다 못하다.

그러나 소그룹원들이 하나가 되어 전도하면 서로 때문에라도 전도에 꾸준히 참여하게 된다. 시간이 흘러 일부 구성원이 지치면 다른 이가 격려하여 다시 회복시킬 수 있다.

윌리엄 케리 선교사는 힌두교인 한 명을 세례 받게 하기 위해 7년이나 기다렸다고 한다. 아프리카에서는 한 명을 구원하기 위해 14년이 걸린 경우가 있다고 한다. 어떤 경우에는 9년 걸려서 한 명 세례 받는 곳도 있다고 한다.

ⓖ 소그룹 전도 접근 3단계

1단계 : 기도로 접근하는 것이다.

전도대상자의 마음과 환경을 열어 달라고 기도하는 것이다. 수시로 기도해야 하며 구역에서 합심으로 중보기도 해야 한다. 기도만큼 사람의 마음 문을 여는 열쇠가 없다. 더욱이 영혼을 구원하려는 전도 사역에는 두말 할 나위가 없다.

복음전도는 소그룹의 목적이요, 사명이며, 존재 이유이다. 소그룹은 구원 받지 못한 사람들을 위하여 많이 기도하고 소그룹원들은 모두 전도해야 할 책임이 있다. 소그룹 전도의 제1단계는 '기도하기'이다. 소그룹 전도는 기도로 시작된다. 기도 할 때 눈을 여셔서 구원 받을 사람을 보게 하시고, 귀를 여셔서 그들에게 복음을 전하라는 음성을 듣게 하시며, 발에 힘을 주셔서 그들에게 가게 하시고, 입을 여셔서 복음을 전하라 하신다.

[비신자들을 위해 기도하기]

❶ '빈 의자'를 위한 기도

모임을 진행할 때마다 1-2명의 잃어버린 자를 의미하는 빈 의자를 하나 마련하자. 그룹원들이 그 의자(이름을 적어두자) 주위에 모여 앉게 한 후 그들이 잃어버린 사람의 구원을 위해 기도하자고 요청하자.

❷ 기도 친구 만들기

서로가 잃어버린 친구를 위하여 매일 기도할 수 있도록 소그룹원들 간에 짝을 지어 주자. 짝을 지어 주면 기도에 대해 책임감이 생겨나게 된다.

❸ 잃어버린 영혼을 위한 합심기도

여러분의 소그룹 모임에 새로운 기도의 방식을 소개해 보자. 다음 모임에서 소그룹원들에게 일어나서 잃어버린 영혼의 구원을 위해 동시에 큰소리로 함께 기도하자고 요청해 보자.

❹ 방문기도

그룹원 전체가 전도대상자의 집 앞으로 가서 그곳에서 함께 그 영혼의 구원을 위해 기도하자.

❺ '긴급수배' 포스터 만들기

미리 인쇄된 포스터나 이면지에 잃어버린 사람들의 이름을 쓰고 벽에 붙인 후 그 사람들과 전도자와 함께 만날 수 있는 기회를 얻기 위해 기도하자.

2단계 : 섬김으로 접근하는 것이다.

대상자의 가정 일을 돕거나, 김치나 반찬을 나누어 주는 일, 아이를 보살펴 주는 일 등 사랑을 실천하는 일들이다. 사람은 본성 자체가 누군가에게 대접을 받으면 마음이 열리고 요구에 긍정적으로 반응하기 마련이다. 숭실대학교 기독교학 대학원 교수 김영한은 말하기를 "교회는 복음전파와 더불어 사회봉사를 해야 한다면 실제 주님께서는 신체적인 치료도 하셨고 사회적으로 소외된 자, 세리와 창녀와 가난한 자의 친구가 되시고 저들을 복음으로 인도하셨다"고 그의 책에 밝힌다.

아울러 "교회는 무지를 계몽하고 기아와 빈곤을 퇴치하며 각종차별을 극복하는 주체가 되어야 한다"고 말한다. 신구약 성경이 제시하는 하나님의 나라는 개인의 구원과 사회적 봉사, 복음화와 사회화, 회개와 인간화를 동시에 포함한다. 그러므로 한국교회는 말씀의 선포와 문화의 변혁을 불가분리적인 짝으로 수행해야 한다는 것에 김교수는 이 양자는 서로 분리될 수 없으나 "말씀의 선포가 우위성을 가진다"고 덧붙였다.

3단계 : 복음으로 접근하는 것이다.

여러 가지 간증을 들려줄 수 있고 전도대상자의 삶에 필요한 신앙 서적도 복음 접근의 좋은 매개다. 전도 대상자들을 위해 특별히 제작된 교회 신문이나 소책자도 좋은 도구다. 전도자가 복음 제시 훈련을 받아 직접 복음을 제시하여 영접시키는 것까지 하면 가장 좋다. 이 때, 가능하면 소그룹원들이 전도에 골고루 동참할 수 있도록 각자에게 맞는 역할을 정해 주는 것이 좋다. 이를테면 전도 자료 준비, 중보기도, 재정 후원, 전도 현장 동행, 아이 돌보기 등이다. 소그룹이 지역으로 나아가 축호전도 하다보면 전도될 가능성이 선별된다. 그들과의 관계를 심화시켜 나가는 것이 소그룹 전도의 관건이다. 이것이 곧 관계전도로 발전되는 것이다.

6) 소그룹 전도 전략

① 연초에 각자의 목표를 세워 전도대상자를 정하도록 한다.
② 매주 소그룹 모임을 가질 때마다 그들을 위해 기도한다. 또한 매일 그들을 위해 기도하도록 권한다.
③ 전도대상자에게 세심한 관심을 가진다. 특히 경조사에 반드시 찾아간다.
④ 전도할 대상자를 관찰한 이야기를 종종 나눈다.
⑤ 어떤 경우에도 그와의 논쟁을 피한다.
⑥ 그들에게 베풀 사랑이 무엇인지 전략을 세운다. 예를 들어 간단한 생필품이나 성경책, 혹은 적절한 전도 책자를 선물한다.
⑦ 기회를 봐서 음식을 준비해 자연스럽게 초대한다.
⑧ 초대시 반드시 선물을 준비한다.
⑨ 3개월 이후 소그룹 모임이나 교회로 초청하고, 교역자에게 연결 시켜 준다.

⑩ 교회에 등록시키고 나서도 학습, 세례를 받을 때까지도 책임을 갖고 영적으로 도와준다.

7) 제자들 교회 - 전도 소그룹 5단계

1단계 : 기도하라

비신자들을 섬기고 최선을 다해 초청을 하면 한두 번은 올 수 있지만 그들이 마음 문을 열고 예수님을 받아들이고 교회에 정착하는 것은 성령님께서 역사하시는 일이다. 그러므로 전도대상자의 영혼을 위해 충분히 기도해야 한다.

전도소그룹이 시작되면 첫째 주 목장예배에서 기도짝을 정하고 기도카드를 작성한다. 기도카드에는 자신의 전도대상자 7명과 기도짝의 전도대상자 7명의 이름을 적는다. 이 카드는 지갑을 지니고 다닐 수 있게 명함만한 크기로 만든다. 기도카드가 작성되면 기도짝과 매일 어떻게 기도할 것인가를 약속한다. 그냥 목자가 광고하는 것으로 끝나면 기도가 흐지부지 되므로 구체적으로 정확하게 매일 어느 시간에 어디에서 몇 분씩 반드시 기도하겠다고 서로 약속하게 한다.

또 전도소그룹 1주 과정에 전교인 특별 새벽기도회를 14일간 실시한다. 이 기간 동안 전 교인이 새벽마다 VIP카드를 갖고 비신자를 위해 뜨겁게 기도한다. 교회 안에 비신자를 위한 기도 문화가 자리 잡을 때 그 교회는 비신자를 위한 문이 열려 있는 교회라고 할 수 있으며 그러한 교회가 반드시 부흥한다. 비신자를 초청할 뿐 아니라 정착시키기 위해서 충분히 기도하는 것은 전도하는데 무엇보다 중요하다.

2단계 : 1:1 관계를 세우라

다음 단계를 시작할 때 반드시 전 단계를 어떻게 했는지 점검한다. 기도짝이나 소그룹원들과 매주 어떻게 실행할 것인가를 약속하고 실행과정, 실행결과를 점검하는 시간이 매우 중요하며 이때 서로에게 도전과 격려도 되고 정보 교환도 된다.

2단계 과정에서는 전도대상자 14명 중 전도가 가능한 3명씩을 뽑아 기도카드에 따로 체크를 하고 이제부터는 이들 3명만을 위해서 기도한다. 그리고 그 3명중 1명이라도 한 주간 찾아가서 함께 시간을 보낸다. 최소한 1명과 1주일 동안 1시간이라도 함께 시간을 보내는 것이 2단계이다. 이것은 만나서 복음을 전하기 위함이 아니다. 씨를 뿌리기 전 땅을 옥토로 만드는 기간이다. 성급히 씨부터 뿌리는 것은 오히려 농사를 망칠 수 있으므로 이 기간엔 "교회 나오라. 예수 믿으라"고 표현하는 단계가 아니라고 교육한다.

2단계 과정에서 두 가지를 실천한다. 첫째는 그들과 시간을 함께 보낸다. 영화를 관람하거나 차를 마시거나 기념일 등을 함께 축하

해주고 가족끼리 만남을 갖기도 한다. 다양한 방법을 통해 관계를 세워 가는 것이다. 둘째는 그들을 섬기는 것이다. 큰 도움보다는 작은 도움들이 그들을 감동시킨다. 아이들이 병원에 갈 때 운전을 해 준다든지, 병원에 다녀오는 동안 자녀를 돌보아 준다든지, 김치를 담아 나누어 준다든지 하면서 더 좋은 관계를 쌓아 가는 것이다.

3단계 : 전체 소그룹에서 함께 관계를 세우라

2단계에서 전도대상자와 일대일로 만나서 섬겼는데 이 단계에서는 소그룹이나 교회 성도 중에서 자신의 전도대상자와 연관이 있는 성도와 함께 만나서 섬기며 관계를 갖는 것이다.

이렇게 하면 전도를 하는 사람도 전도대상자도 마음에 부담이 없고 즐겁다. 이 기간에 전도를 위한 '바자회'를 한다. 성도들은 친절하고 상냥하고 초대된 비신자들을 대할 때 귀빈처럼 대접한다. 모든 먹거리는 원가수준의 싼 값으로 판매되고 양도 푸짐하다. 이런 모습에 비신자들은 마음이 열리고 많은 감동을 받고 돌아간다. 비신자의 입에서 갖가지 찬사가 항상 넘치고 좋은 소문을 내는 데도 바자회가 큰 공헌을 한다.

4단계 : 초청을 준비하라

청 잔치를 하면서 두 가지를 기대하면서 준비한다. 첫째, 하나님의 사랑을 전하길 원하는 것이다. 성도의 헌신적인 사랑과 섬김을 경험하면서 간접적으로나마 하나님의 사랑을 알게 되고 이것이 그리스도인의 사랑의 공동체임을 알게 되기 기대한다. 둘째, 하나님의 은혜를 경험하게 하자는 것이다. 그래서 철저하게 성령님을 의지하며 기도로 준비하고 그 현장에서도 성도들은 처음부터 끝까지 마음속으로 기도하며 섬긴다. 또한 찬양과 초신자들의 간증을 통해 하나님의 살아계심을 깨닫게 해주며 그 하나님께서 우리를 이렇게 축복하시고 보호하시고 변화시키셨는지 보여 줌으로써 하나님의 은혜가 불신자에게 스며들도록 기대하는 마음으로 목장 초청 잔치를 실행한다.

5단계 : 구역 초청 잔치

a. 장식

비신자들의 마음을 열고 감동을 주기 위한 초청 잔치가 열리는 장소(주로 아파트의 거실)를 장식한다. 출입문과 벽에 "환영합니다. 사랑합니다" 등의 문구와 여러 모양의 장식을 하고 꽃꽂이와 화분 등을 교회나 다른 가정에서 빌려오기도 한다.

b. 식사

식사메뉴는 전 목장이 거의 동일하게 준비하고 목장들끼리 서로 협력하여 준비를 한다. 식사를 준비할 때에 내용이나 양보다는 감동을 주는데 초점을 두어 풍성하기 보단 간단하지만 정성을 다해 차린 음식을 보고 감동을 받게 한다. 고기나 탕류는 피하고 주로 김밥, 샌드위치, 초밥, 떡, 주스, 과일 등으로 준비하되 모양을 낸다.

c. 게임

쉽고 간단하면서도 그 자리에 앉거나 서서 할 수 있는 것들로 서너 가지 준비한다. 그리고 비싸지 않은 생활필수품이나 신앙 용품들을 선물로 준비해 두었다가 미리 보여주고 시작한다. 처음에는 어색해 마지못해 하던 사람들이 한두 번 하다 보면 열심히 참여하고 상까지 타면 분위기가 아주 좋아진다.

d. 찬양(또는 노래)

주로 찬양이지만 거부감을 줄이기 위해 가정에 관한 건전가요를 불러도 좋다. '당신은 사랑받기 위해 태어난 사람', '축복송', '우리에게 향하신', '좋으신 하나님' 등을 10여분 부른다. 복사된 찬양곡이 있으면 참석한 비신자들도 모두 자연스럽게 따라하게 되고 분위기도 부드러워져서 자리에 모인 모두에게 감동이 스며들게 된다.

e. 간증

비신자들에게 공감을 주기 위해서 교회 온 지 얼마 안 되는 집사들을 선정한다. 무엇보다 은혜가 충만하고 하나님과의 첫사랑으로 뜨거운 마음을 가진 사람이어야 한다. 간증자로 선정되면 적어도 1주일에 한 끼씩은 금식을 하며 기도할 것을 요청한다. 간증자는 반드시 간증을 기록해야 한다. 5-10분 이내에 마칠 수 있도록 직접 쓴 간증문은 사전에 목사에게 제출해서 검증 받아야한다.

[간증문 작성 요령 (BEST)]

- Before : 믿기 전의 삶
- Event : 믿게 된 계기
- Salvation : 구원받은 경험
- Time : 믿고 난 후의 삶

간증이 끝나면 모든 순서가 끝나고 복음을 전하는 시간은 이 시간뿐이므로 간증자들은 이 시간에 그들의 마음을 녹이고 깨뜨려야 한다는 마음으로 간증을 한다.

간증 : 이영복 부인의 삶

이영복 부인은 평양 외성에서 태어났다. 그녀는 17세 되던 해에 그곳 참판의 조카인 황덕용씨에게 출가하여 34세에 남편을 잃고 두 딸과 함께 살았다. 두 딸을 평양 근처 조왕리와 중화서촌으로 출가시킨 그녀는 평양에 복음이 전파되던 1890년대 초 선교사들의 전도에 의해 믿기 시작했다.

그러나 시집은 양반의 집안이라 마음대로 교회당에 다닐 수가 없었다. 그래도 그녀는 온갖 핍박을 무릅쓰고 신앙생활을 하여 1898년 7월 15일에 세례를 받았다. 그러자 그녀의 집안은 가문에 먹칠하는 자를 그냥 내버려 둘 수 없다 하여 밥그릇 몇 개와 의복 몇 벌만 싸준 채 집에서 내쫓아 버렸다.

하루아침에 거지 신세가 된 그녀는 그래도 주님을 위해 핍박 당함을 기뻐하고 당시 여전도실(1929년 당시는 평양여자 성경학교)로 찾아가 자기가 밥을 지어먹으며 55세에 비로서 한글을 배우기 시작하여 3-4년 동안 성경공부를 했다. 그리고 나이 60세에 전도부인의 길을 나서게 되었다. 그는 먼저 두 딸이 있는 곳에 가서 전도하기로 결심하고 맏딸이 있는 조왕리에 가서 오두막 한 채를 산 후 전도를 시작하였다. 그래서 한 달 동안은 맏딸이 있는 평양 남촌 지경을 전도하고 그 다음 달에는 둘째 딸이 있는 중화서촌 지경에 가서 전도하였다.

그러나 주민들이 완고해서 핍박이 너무 심해 늙은 몸으로 산에 올라가 하루 종일 기도한 날도 많고 겨울에는 강을 건너다 빠져서 죽을 뻔한 적도 많았다. 그래도 8년 동안 쉬지 않고 전도하여 대동강 안 70여리에 20여개 교회를 세웠다. 그녀는 주님의 사명을 다 마치고 75세의 나이로 주님의 부름을 받았다.

Tip [간증의 유익]

1. 자신 속에 있는 하나님의 은혜를 재발견하게 된다.
2. 다른 사람이 들었을 때 감동과 도전을 받게 된다.
3. 한 사람의 간증이 여러 사람을 하나님께로 가까이 가게 한다.
4. 하나님을 기쁘시게 하는 것이고 하나님께 영광을 돌리게 한다.

f. 구역장의 축복기도

한사람씩 이름을 불러가며 하나님께 그들의 가정과 식구들과 하는 일 위에 복을 주시고 지켜 주시기를 간절히 축복하며 기도한다. 그리고 준비된 선물을 하나씩 드리고 바로 배웅한다. 그리고 하루나 이틀 후 그들을 다시 한번 찾아간다. 그러면 감사와 감동의 말들과 더불어 신앙생활에 대한 결심을 드러내게 된다. 이렇게 하여 전도의 결실을 맺도록 한다. 제자들교회는 이런 전도 소그룹의 활동으로 1년에 배가가 되는 경험을 가진 교회가 되었다.

Tip [소그룹 전도에서 초청까지의 7단계 전략]

1. 기도하라.
2. 경청하라.
3. 주도권을 잡고 사귀라.
4. 공통되는 분야에서 관계를 형성하라.
5. 전도자의 활동에 상대를 포함하라.
6. 식사에 초청하라.
7. 상대를 이해하라.

<전도소그룹을 활성화하기 위한 구체적 프로그램 제시>

단계	제목	내용
1단계	담임목회자와 함께 전도에 대한 사명, 가치, 비전 공유하기	교회의 중직자들과 전도소그룹 리더들이 담임목회자와 함께 전도사역에 대한 사명, 가치, 비전을 2박 4일의 사명수련회를 통해 공유하는 시간을 가진다.
2단계	코치들과 함께 리더들 훈련하기	전도소그룹을 위한 시스템과 사역의 노하우 등을 연구한 코치들(부교역자나 간사들)과 일주일에 두번 4주 정도 훈련한다.
3단계	일대일 관계를 세워가기	작정한 태신자 중 1~2명을 만나서 구체적인 관계를 세워가는 과정이다.
4단계	전체 소그룹에서 태신자와 관계를 맺어가기	일대일 관계를 맺는 작업 후 전체 소그룹에서 태신자와 관계를 세워나가는데, 태신자를 전도소그룹 모임에 초청한다.
5단계	전도소그룹 모임에 태신자 초청하기	전도소그룹 모임에 태신자가 초청되어 오면 게임, 식사, 간증, 축복의 시간을 통해 풍성한 나눔의 시간을 갖는다.
6단계	교회 공동체로 태신자를 인도하기	전도소그룹으로의 초청행사 후 태신자들의 이야기를 들어주면서 교회로 초청한다.
7단계	교회 중심에 들어올 수 있도록 작업하기	태신자가 교회에 정착할 수 있도록 기존 성도들과 친밀한 관계를 형성하게 도와주는 단계이다.

8) 구역과 선교사와의 동역

구역이 보다 더 생동감 있는 운영의 차원으로 업그레이드 되려면 선교사를 위해 기도와 물질로 후원사역을 감당해야 한다. 특별히 구역모임 때마다 선교정보를 서로 나누고 기도해야 한다. 기회가 된다면 선교사가 입국했을 때 초청하여 직접 만남을 가져 현장감 있는 설명과 기도요청을 받을 수 있다. 일시동안이라도 구역원 가운데서 가정을 제공하여 숙박을 제공함으로 보다 자세한 선교 상황을 나눌 수 있다.

또한 요즘은 해외여행이 보편화 된 실정이므로 때에 따라서는 구역 구성원이 단기간 선교지를 방문하는 것도 좋다. 이를 위해서는 몇 개의 구역이 연합할 수도 있고 오랜 시간 철저한 준비가 필요하다. 한편 물질적 후원 역시 필수다. 물질 후원이 운영되려면 교회적 배려가 있어야 한다. 예를 들면 구역헌금은 보고와 동시에 자체적으로 사용할 수 있게 한다든지 아니면 교회 앞에 드려진 개인 선교헌금을 다시금 구역으로 환원하여 집행되는 구조를 갖는 것이다. 실제 은평구에 위치한 영산교회는 구역 단위로 선교사를 지정하여 기도 및 물질로 후원하고 있다. 60여 개 구역에서 60여 명의 선교사를 돕고 있는 셈이다.

구역	선교지	선교사	구역장	구역	선교지	선교사	구역장
1구역	브라질	송진윤	길명희	31구역	케냐	박정대	최찬환
2구역	태국	장병조	한영순	32구역	인도네시아	김철용	박영자
3구역	러시아	김병모	윤경애	33구역	아르메니아	김도일	문덕이
4구역	태국	심태국	박미호	34구역	인도네시아	최삼일	우상구
5구역	중동	하성희	장숙자	35구역	싱가폴	최기득	배광선
6구역	본부	곽순종	박현주	36구역	루마니아	정홍기	김석홍
7구역	나이지리아	이광윤	김금자	37구역	인도	방숙희	장경근
8구역	파키스탄	차수열	장기옥	38구역	대만	박윤석	도찬선
9구역	일본	김만용	이현숙	39구역	키프로스	이대빈	이장희
10구역	중동	김이내	이필예	40구역	인도네시아	김익배	
11구역	대만	김강덕	김현희	41구역	탄자니아	이진섭	김봉혁
12구역	아프가니스탄	이경찬	양현순	42구역	소말리아	김신미	박진국
13구역	니라라과	이국진	노현경	43구역	일본	이정희	김영산
14구역	방글라데시	원경애	손미순	44구역	코스타리카	임낙길	엄윤영
15구역	아프가니스탄	이경찬	이미옥	45구역	중동	김기택	김 신
16구역	일본	김우영	김은자	46구역	동북아	정명환	김관호
17구역	탄자니아	전준찬	우미자	47구역	멕시코	함용욱	최경순
18구역	캄보디아	김철환	정미순	48구역	코스타리카	강성필	이광섭
19구역	네팔	양승민	김경미	49구역	브라질	이준희	김성순
20구역	동북아	이빌립	안효임	50구역	동북아	서석주	김승환
21구역	중동	이재환	박정우	청년1	동남아	유한중	김영산 이명옥
22구역	태국	박선진	정길순		코스보	황복한	
23구역	동남아	서경애	박미경		영국	이요준	
24구역	아프리카	신병수	조영주		인도	정병권	
25구역	태국	김중식	이명옥	청년2	남아공	김문영	박진국 안성희
26구역	브라질	정헌명	이인순		인도	임상순	
27구역	아르헨티나	임형만	최은정		네팔	한경숙	
28구역	일본	김덕기	한삼순	청년3	동북아	경규영	이장희 조영주
29구역	일본	이종현	고일순		본부	한도수	
30구역	미국	이병복	조성자		동남아	오현금	

9) 소그룹 전도를 위한 중보기도

"기도는 하늘과 땅을 연결하여 이 땅의 빈곤을 하늘의 풍요함으로 채우는 사역이다."

소그룹 모임에는 반드시 전도를 해야 하고 양육을 해야 함에 대해 제시했다. 전도는 그 어떤 방법으로 하든지 먼저 그가 하나님 앞에서 체험하고 경험하지 않으면 전도를 하든지 예배를 드리든지 그의 삶은 힘이 든다. 우리는 모든 일을 시작하기 전에 하나님께 먼저 기도로 시작해야 한다.

예수님께서 천국복음을 전하시기 전에 광야에서 주야 40일을 금식 기도한 것을 다 아는 바다. 그리고 마귀의 유혹을 이기셨다(마 4:12-15). 그리고 한적한 곳으로 가서 거기서 기도하셨다(막 1:41). 40일 기도 후부터 비로소 예수님은 천국복음을 전파하셨다.

갈릴리 해변으로 전도를 시작해서 베드로, 안드레, 야고보, 요한의 제자들을 얻게 되었다. 조연모 목사는 그의 목회학 박사 논문에서 "기도는 전도의 원동력이며 구원의 능력이다."라고 했다. 전도자는 전도하기 위해 기도하는 것이 먼저이고 성령님의 역사하심이 없다면 아무 소용이 없다.

자신은 물론이고 다른 소그룹의 전도자를 위한 중보의 기도도 필

이종환, 생수의 강: 영산교회 주보(영산교회 문서선교부, 2004), 21권 제8호

요하다고 본다. 먼저 전도 대상자를 두고 기도하고 전도 대상자를 만나는 것도 참으로 감사한 일이다. 기도하지 않고 전도를 하러 나가면 참으로 난감할 때가 한두 번이 아니다.

반드시 기도가 있어야 한다. 신앙생활의 대부분이 기도로 시작하고 기도로 마치는 것이 그리스도인이다.

"두 세 사람이 합심하여 기도하면 그를 위하여 이루게 하시리라"(마 18:19) 하신 것같이 예수 그리스도의 이름으로 구하면 모든 것에 구하는 이를 위하여 하나님은 이루어 주실 것을 약속하셨기 때문이기도 하지만 우리가 마땅히 해야 할 일이다.

사도행전 1장에 120 성도가 마가의 다락방에 모여서 전혀 기도에 힘쓰는 모습을 말씀을 통해서 알 수 있다. 이처럼 기도로 인한 성령님의 체험이 있고 난 다음 성령님께 모든 것을 맡기고 전도에 임할 수 있는 것이다.

우리는 그냥 전도하라고 하니까 전도하는 사람들을 만난다. 전도는 이단이라든지, 이단이라는 곳에서 더 열심히 전도를 하는 것을 종종 목격할 때가 많다.

전도를 하려고 할 때 충분히 기도로 무장하고 그리고 성령충만이 반드시 필요하다. 그렇기 때문에 기도를 해야 한다. 성경에 나타난 기도를 살펴보면 첫 번째로 예수 그리스도의 기도가 복음서에 나타난다.

"겟세마네 동산의 예수 그리스도의 기도"가 예수 그리스도의 기도의 주제로 절정을 이루는데 자기의 개인적인 기도보다 인류를 위해 자기의 희생의 기도와 보내신 이의 뜻에 순종하는 기도를 드린다.

기도는 우리 생활 중에서 끊임없이 연결되는 실제적인 사건이다. 그래서 주님은 기도하라고 하시고, 바울은 항상 기도하라고 한다. 하나님은 더 이상 높이 멀리 계신 분이 아니라 우리 안에서 역사하시는 하나님이시다.

기도의 올바른 목적은 우리의 뜻을 하나님께 강요하거나 떼를 쓰는 것이 아니라 우리에게 주시는 하나님의 뜻을 발견하고 하나님을 경배하며 찬양하고 그 뜻에 철저히 순종하고 복종하는 것이라고 본다.

기도에는 반드시 중보기도가 있어야 한다. 중보기도는 나 외에 다른 사람을 살리는 힘을 가진다. 한 사람의 대상자를 찾아 전도하려고 하는 구역원이 있다면 사탄이 가만히 놔두지 않을 것이다. 그런데 우리는 대상자를 위해 기도하는 구역원을 두고 기도하는데도 있지만 그렇게 많이 기도하는 예가 드물다.

중보기도는 하나님의 뜻을 이루는데 필연적이다. 하나님께서 스스로 그 뜻을 못 이루시는 것이 아니라 하나님께서는 하나님의 자녀들을 통하여 자신의 뜻을 이루신다는 의미이다.

그러므로 중보기도를 하는 자는 하나님의 계획과 목적을 이루는 데 있어서 중요한 역할을 담당하고 있는 것이다. 바울은 중보기도자로 자신을 말하면서 로마교회의 성도들에게 "항상 내 기도에 쉬지 않고 너희를 말한다"(롬 1:9)고 했다.

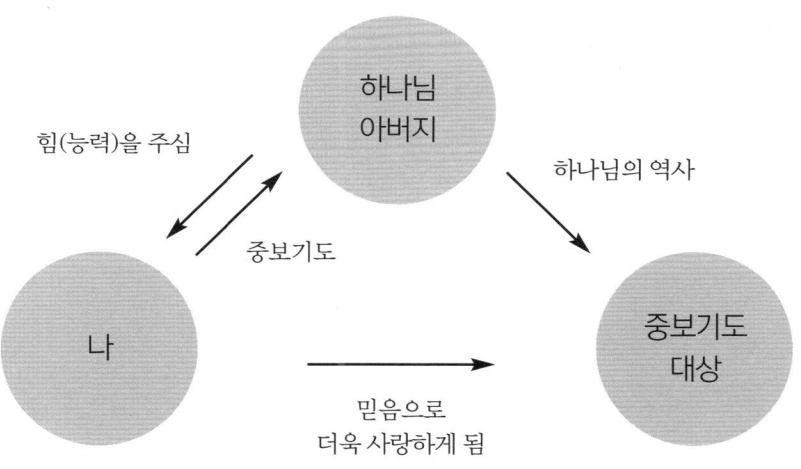

지속적으로 간절하게 온 마음을 다하는 기도는 하나님의 능력을 얻는 비결이다. 전도하기 전에 기도하라. 전도하면서 기도하라 그리고 전도한 후에 기도하라. 기도 외에 다른 방법으로 성공할 수 없다.

영국의 Mary 여왕은 "스코틀랜드의 많은 군대보다 존 낙스 한 사람의 기도가 더 무섭다"고 말했다.

전도자의 기도는 한 생명을 구원하는데 원동력이 된다. 기도 없는 전도는 허공을 치며 혹 기도 없이 전도가 되었다면 그것은 오히려 잘못된 기적이라고 했다.

① 만날만한 사람을 만나 복음을 전할 수 있도록 기도할 것이다.
② 하나님께서 약속하신 대로 그 심령을 먼저 감동케 하여 주시도록 기도할 일이다(사 45:2).
③ 적합한 하나님의 말씀과 말씀에 능력이 임하도록 기도한다.
④ 나의 실수에도 복음전도가 승리할 수 있도록 기도한다.
⑤ 뿌린 씨앗이 싹이 나고 수고가 헛되지 않도록 기도한다.
⑥ 모든 결과는 하나님의 뜻대로 되기 위하여 기도해야 한다.

Tip [복음 전도자가 해야 할 열 가지 기도]

1. 전도의 지혜를 구하는 기도(막 10:16, 약 1:5)

2. 전도의 말씀을 구하는 기도(마 10:19-20)

3. 전도의 문을 열어달라는 기도(골 4:3-4)

4. 전도자가 성령의 인도를 받기 위한 기도(행 13:30)

5. 추수할 일꾼을 보내달라는 기도(마 9:36-38, 눅 10:2)

6. 복음을 들을 사람들을 위한 기도(행 16:13-14)

7. 전도 대상자의 가정의 평안을 위한 기도(눅 10:5)

8. 담대히 전할 수 있도록 능력을 구하는 기도(행 4:29-31)

9. 전도의 결실을 위한 기도(롬 15:30-31, 살후 3:1)

10. 전도자가 어려움에 처하지 않기 위한 기도(행 16:25)

2장 chapter

새신자 양육, 성숙으로 인도하기

1. 새신자 양육의 이해 | 2. 새신자 양육 교재 | 3. 새신자 양육의 방법 | 4. 새신자 양육사역을 효과적으로 운영하는 방안 | 5. 사후관리 | 6. 양육과 정착의 관계

2장 chapter

새신자 양육, 성숙으로 인도하기

1. 새신자 양육의 이해

1) 새신자의 정의

첫째, 난생 처음으로 교회에 나온 사람으로 '완전 초신자', 둘째, 어릴 때 예수님을 믿었다가 다시 신앙을 찾은 '회심자', 셋째, 어떤 일로 인해 교회출석을 중단하고 낙심과 좌절로 고민하다가 돌아온 '낙심자', 넷째, 불교나 천주교 외 이단집단을 믿다가 예수님을 극적으로 만나 개종한 '개종자', 다섯째, 직장과 사업, 학업으로 인해 지역을 이동했거나 시대가 점점 핵가족이 되면서 다른 도시로 이사 온 '이동자' 이렇게 다섯 부류의 사람들을 새신자(새가족)이라고 부른다.

'처음 교회에 출석하는 사람'이든 '타교회에서 이동해온 신자'이든, '신앙을 잃었다가 재등록한 신자'이든, 어떤 부류의 사람이든지 관계하지 않고 '개교회에 처음 등록하여 나온 사람'을 새신자로 정의하여 사용하고자 한다. 새신자는 영적으로 미숙한 영적 유아이다. 성경은 새신자를 영적 어린 아이로 말하고 있다(요 3:3, 고전 3:1, 요일 2:12-14). 즉 사랑, 보호, 양육, 훈련 등의 어린아이에게 육체적으로 필요한 것처럼 실제적으로 영적 도움이 필요한 자이다.

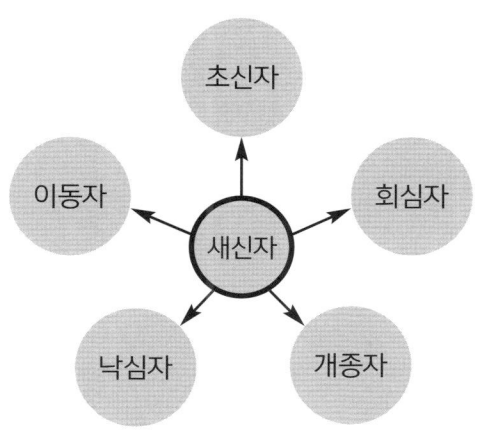

2) 사도행전을 중심으로 한 초대교회의 새신자 유형

본문	새신자의 상황	새신자의 문제	새신자의 유형
행 3:1–26	나면서 앉은뱅이 된 자	건강문제	인생의 문제를 안고 있는 새신자 유형
행 5:1–11	교회공동체에 속했지만 거짓된 신앙의 소유자	탐욕	참된 회개에 이르지 못한 새신자 유형
행 8:9	마음이 바르지 못하고 도에 관계가 없는 자	신앙을 욕망이 대상으로 여김	자기 중심적이고 이기주의적인 새신자유형
행 8:27	성경을 읽으며 알려고 애쓰는 진리 추구자	가루쳐주는 이가 없어 진리를 깨닫지 못함	하나님께 관심이 있으나 복음을 깨닫지 못한 유형
행 9:1–9	잘못된 진리와 열정에 사로잡힌 자	예수 그리스도와의 만남이 없음	삶의 현장에서 급진적 회심을 경험한 유형
행 10:1–48	하나님을 경회하나 제대로복음을 알지 못하는 자	예수 그리스도의 죽음과 부활을 모름	간절히 복을 사모하는 유형
행 13:7	하나님께 관심이 있으나 지위와 환경을 두려워하는 자	모든 종교를 같은 종교로 봄	체험을 통한 새신자 유형
행 16:14	하나님을 공경하나 올바로 복음을 알지 못하는 자	성경적 복음을 알지 못함	복음을 받아들일 모든 준비가 끝난 유형

본문	새신자의 상황	새신자의 문제	새신자의 유형
행 18:2-24	하나님을 사모하며 복음을 사모하는 자	없음	성장만을 기다리는 유형
행 18:24-28	학문이 많고 성경에 능하지만 요한의 세례만을 아는 자	복음의 핵심인 예수 그리스도를 잘 모르고 있음	가르침을 필요로 하는 유형
행 24:22-27	예수님을 알지만 물질을 사랑할 만큼 욕심이 많은 자	죄의 심판에 대한 두려움으로 회개를 거부한 물질주의자	새신자로 출발하지만 유혹을 이기지 못해 끝내 떠나는 유형

3) 새신자 양육의 필요성

새신자 양육이란 구원의 확신을 가지고 하나님을 믿도록 새신자를 돕는 일과, 일정한 신앙생활이 성장하도록 새신자를 돕는 일과, 풍성한 그리스도인의 생활을 기본적으로 이해할 수 있도록 돕는 일과, 새신자가 자신의 신앙을 다른 사람들에게 전하는 일을 배우도록 돕는 일이라고 할 수 있다.

4) 새신자 양육의 목표

목표는 인간에 있어서 가장 강력한 추진력의 하나이다. 명확한 목표를 설정하므로 목표를 이루기 위해 나아갈 때 발생하는 어려움을 쉽게 극복할 수 있다. 새신자 양육에서 일정한 목표를 가지는 것이 중요한 일이며 그렇게 함으로 이들 목표를 성취하는 노력에 집중할 수 있는 것이다.

이 목표 설정이 새신자에게 영적인 진리에 참여하는데 체계화하는 기회를 주게 될 것이다. 체계화되고 계획된 새신자 양육 계획은 기본 진리를 태만하게 보아 넘기거나 잊어버리고 시작하여 실수하는 것보다도 새 그리스도인을 안정시키는데 더욱 효과적이 될 것이다. 새신자 성장의 궁극적인 목표는 "우리가 다 하나님의 아들을 믿는 것과 아는 일에 하나가 되어 온전한 사람을 이루어 그리스도의 장성한 분량의 충만한 데까지 이르리니"(엡 4:13)라는 성경 말씀대로 그리스도를 목표로 하여 성장하는 것이다.

게리 W. 쿠네는 새신자 양육의 목표를 6가지로 정하고 있다.
첫째, 구원의 확신과 그리스도 안에 섬.
둘째, 기본적인 원리에 굳게 섬.
셋째, 기본적인 교리로 안전함을 얻음.
넷째, 그리스도를 닮아감.
다섯째, 하나님의 말씀에서 자립적으로 응용하고 은혜를 받게 함.
여섯째, 다른 사람의 생활에서 처음 목표들이 재생산되도록 함이다.

번재창 목사는 회심자가 성령님과 말씀으로 그 영적 생명이 성장하여 예수 그리스도의 제자로 자라는 것을 목표로 하였다. 영혼이 구원받은 것으로 만족하는 것이 아니라 주 예수께서 "너희는 가서 모든 족속으로 제자를 삼으라"고 명하신 바대로 막 태어난 신자가 자라 그리스도의 제자가 되도록 자라게 하는 것이다. 이 과정은 마치 갓난아이를 성인이 되도록 키우는 것에 비교할 수 있다.

① 구원의 확신

구원의 확신 그 자체에 관하여는 아무도 그 중요성을 부인할 자는 없을 것이다. 구원의 확신 그것은 단지 이론적인 문제가 아니요 실제적인 삶의 문제이며, 모든 신자들의 관심거리이다. 구원의 확신이란 물려받을 수 있는 어떤 것이 아니다. 어느 누구도 처음부터 그것을 가지고 태어난 자가 없다. 그것은 인간의 노력의 열매나 양심적으로 수행한 의무에 대한 보상도 아니다. 우리는 그것을 이 땅의 보화에서, 생의 즐거움에서, 대중의 찬사에서, 예술의 갈채 속에서 또는 기타, 다른 것에서 헛되이 찾으려 한다. 평안히 살다가 복되게 죽기 위해서 우리는 위에 있는, 보이지 않는 영원한 것들에 관한 확신이 필요하다.

새신자가 일 년이 못되어 세상으로 되돌아가는 것은 구원의 확신을 갖지 못하고 생활하기 때문이다. 그러므로 새신자의 보존과 육성에서 가장 먼저 성취해야 할 목표는 새신자들에게 구원의 확신을 갖게 하는 것이다. 이를 위해서 목회자는 최선의 방법을 강구해야 하며 자주 개인적인 만남을 통해서 구원의 기초적인 원리를 반복해서 가르쳐 주는 것이 필요하다.

새신자는 그리스도 안에 약속된 보장에 대한 확신을 갖도록 양육해야 한다. 예를 들면 영생에 대한 확신, 사죄에 대한 확신, 기도응답에 대한 확신, 승리의 확신, 성령님의 인도에 대한 확신 등을 들 수 있다. 카이퍼는 "천한 인간이 구원받을 만한 이름으로 유일하게 주어진 예수의 이름을 믿느냐 안 믿느냐 하는 것은 가장 중요한 사건이다"라고 하였다.

그리스도인의 확신을 위한 세 가지 주요 기반들이 있다. 그 세 가지 원리들은 카메라 삼각대의 세 다리와 같은 것이다. 만일 카메라가 안정되게 고정되려 한다면 그 세 다리의 하나하나가 적절하게 조절되어 사용되어야 한다.

첫째, 그리스도의 사역이다.
그리스도인의 확신 첫 번째 기반은 성자이신 예수 그리스도께서 십자가 위에서 죽으셨을 때 성취하셨던 구원의 사역이다. 만일 당신이 예수 그리스도와 십자가 위 그분의 사역을 신뢰하고 있다면 그 행위들은 당신이 죽을 때까지 종결되지 않을 것이다. 그리스도께서 온 세상의 죄들을 그 자신에게 지우셨을 때 그는 다 이루었다고 외치셨다.

둘째, 하나님의 말씀이다.
그리스도와 십자가에 못 박히신 그분을 신뢰하는 것이 죄 사함과 영생을 가져다준다는 것을 우리는 어떻게 알 수 있는가? 이 물음의 답변은 다음과 같다. "왜냐하면 하나님께서 그렇게 말씀하셨기 때문이다". 성부 하나님의 확실한 말씀이 성자 하나님의 완성된 사역을 보증한다.

셋째, 성령님의 증거이다.

감정은 그리스도인의 확신에 있어서 얕은 정서의 변덕스러운 동요가 아니라 깊은 신념의 꾸준한 증거에 한 자리를 차지하고 있다. 이것에 대해 성경은 말하고 있다. 바로 그것은 그리스도인의 인격의 내적 성소에 내재하시는 성령님의 사역이다. 성령님은 바로 그 곳에서 그의 강하지만 조용한 증거를 우리에게 행하실 수가 있다. 성령님은 우리의 심령 속에 하나님의 사랑을 부어 주시며 우리가 하나님의 자녀들이라는 사실을 우리의 영과 더불어 증거하신다.

구원의 확신은 성령님의 역사에 의하여 이루어지는데, 하나님의 말씀을 바로 가르치고, 이 말씀이 주는 교훈을 통해 참 진리를 얻게 된다. 바른 신앙을 체험하므로 구원의 확신을 가지고 하나님의 백성으로서의 궁극적인 삶을 영위하도록 최선의 자세를 가져야 한다.

② 신앙의 성장

하나님의 목적은 우리가 육체적으로, 정신적으로, 또한 영적으로 성장해야 된다는 것이다. 난장이가 되어 계속 육체적으로 발육부진의 상태에 머물고 있는 것은 슬픈 일이 아닐 수 없다. 정신적으로 뒷걸음치는 것은 큰 장애이며 정서적으로 발달이 지체되는 것은 많은 문제들을 야기 시키게 된다. 그러나 모든 현상 가운데 가장 애처로운 현상은 영적인 성장이 중지된 것이다.

베드로전서 2장 2절에 영적으로 태어난 새신자일 경우에는 이는

"갓난아이"와 같다고 말했다. 그는 아직 "육신에 속한 자"로서 "내가 너희를 젖으로 먹이고 밥으로 아니하였노니 이는 너희가 감당치 못하였음이라"(고전 3:2-5)고 했으며 "젖이나 먹고 단단한 식물을 못 먹을 자"(히 5:12)라고 지적하고 있다. 그러므로 구원의 확신을 가진 후에 즉시 "오직 구주 예수 그리스도의 은혜와 저를 아는 지식에서 자라가라"(벧후 3:18)는 말씀대로 신앙의 성장이 절실히 요구된다.

성경은 인간을 영적으로 죽은 상태라고 말한다(엡 2:1). 이러한 죽음은 하나님과 인간의 단절의 결과인 것이다. 이 단절을 다시 회복하여 생명을 가져다 준 분이 그리스도이시다. 이런 의미에서 그리스도를 믿는다는 것은 하나님과의 관계회복을 의미하며 이 관계회복은 하나님을 알게 하며, 영원하면서 동시에 계속되어야 함을 가리킨다. 신앙성장이란 이러한 관계회복을 그리스도인 각자가 지속적으로 해 나갈 수 있는 능력을 심어 주는 일이다. 그러므로 신앙성장의 목표 중 우선적인 것은 성도로 하여금 그리스도와 즉 하나님과 지속적인 교제를 가질 수 있도록 하는 것으로써 성경이 말씀하고 있는 복음의 진리에 순종하도록 하는 것이다.

김상복 목사는 신앙이 성장하지 않는 이유를 세 가지로 말하였다. 첫째, 구원받지 못했기 때문이다. 그는 단지 교회생활에 익숙할 뿐이다. 예수님을 자기 구주로 영접한 일이 없다. 거듭나지 않았기 때문이다. 열심히 교회에 봉사하지만 내적인 변화가 없다. 영적인 생명이 태어나야 한다. 둘째, 신앙의 성장 과정을 누가 가르쳐 주지 않고 훈련시켜 주지 않았기 때문이다. 좋은 성장과정을 경험하지 못했다. 그는 마치 낳아서 팽겨 쳐 둔 어린아이와 같다. 그는 한 주에 한 번씩만 교회에 와서 설교를 듣는다.

어떻게 이 아기가 클 수 있겠는가? 어떤 사람은 교회생활이 20년이나 되었어도 신앙성장이 없는 사람이 있다. 정상적인 성장의 과정을 거쳐보지 못했기 때문이다. 말씀과 기도와 예배 생활, 교제, 전도 훈련을 받으면 잘 자란다. 셋째, 하나님의 말씀에 대한 불순종이 있기 때문이다. 염려, 근심, 나쁜 습관, 게으름, 교만, 악독, 이런 것들을 회개하고 버려야 한다. 그러면 성장할 수 있다.

그리스도인은 반드시 성장해야 한다. 핸릭슨은 새신자를 성장시키는 원리에 있어서 몇 가지를 제시하고 있다.

첫째, 적절한 치료와 보호조치를 취하고 문제 영역을 다루어 줄 것. 여기에는 구원의 계획을 자세히 설명하여 주며, 그를 위해 기도하며, 그가 그리스도를 믿기로 결심한 후 빠른 시일 내에 그리고 자주 그를 방문하는 것이 포함되어 있다.

둘째, 충분히 영양을 공급할 것. 지속적인 경건의 시간과 성경읽기와 성경공부가 여기에 해당된다.

셋째, 사랑과 친절을 베풀 것. 그를 집으로 초대하고 음식을 나누고 가족의 일원으로 느끼도록 해주며, 교회의 따뜻한 분위기와 교제로 그를 인도하며, 그와 함께하며 그를 데리고 다니는 것이다.

넷째, 용납의 분위기를 만들어 줄 것. 새신자들이 가지고 있는 의심이나 두려움, 개인적인 문제 등 어떤 것이든지 그것들이 얼마나 가볍든지 심각하든지 상관없이, 비판받거나 거절당할 것에 대한 두려움이 없이 말할 수 있도록 자유로운 분위기를 보장해 주어야 한다.

③ 주님의 제자

양육의 최종 목표는 제자가 되게 하는데 있다. 제자란 그리스도를 닮기 위해 노력하는 사람이며, 전도의 성취한 열매이며, 그 열매를 보존받기 위하여 양육을 받고 있는 그리스도인이다. 랭스토프는 "제자라는 의미의 헬라어 '마데테스'는 언제나 개인적인 밀접한 접촉이 있음을 내포하고 있다. 이러한 개인적인 긴밀한 접촉을 통하여 '마데테스'로 불리는 사람의 전반적인 삶이 형성되어지며 관계의 특성상 제자의 삶의 모양을 만들어가는 힘을 누가 행사하고 있는지 금방 알 수가 있다고 하였다. 모어는 신약성경 중 복음서와 사도행전에 제자란 말이 269회 나타났는데 그 의미는 배우는 사람, 훈련받는 사람이라는 뜻을 가지고 있다고 보았다.

우리가 주목할 가치가 있는 것은 신자들이 그리스도인이라고 하는 이름을 얻기 전에 먼저 제자라는 이름을 가지고 있었다는 사실이다. 이것은 신자가 제자로서의 자격을 먼저 구분하지 아니하면 그리스도인이 될 수 없다는 것을 의미한다고 볼 수 있는 것이다. 안디옥 교회에서 제자들이 얻었던 그리스도인이라는 별명은 작은 그리스도라는 의미를 담고 있다. 예수님을 너무 닮아서 그들을 보면 예수님을 생각나게 한다는 것이나 다름이 없는 이름이다.

왜 그들이 예수님과 같이 보였을까? 무엇보다 그들은 예수님을 닮은 제자들이었기 때문이다. 진정한 그리스도인의 자격은 제자가 되는 것, 다시 말해 제자도에 있었던 것이다. 예수님이 승천하시면서 제자들에게 모든 족속을 예수님 믿는 사람들이 되게 하라고 하지 않고 제자로 삼으라고 하신 것은 그가 다스리시기를 원하신 새 왕국의 백성은 예외 없이 자기를 닮은 사람들이 되기를 소원하셨기 때문이다.

제자라는 개념 안에서 예수님께서 지상 사역을 하실 동안 그의 말씀과 삶의 모범을 가지고 보여 주신 몇 가지의 중요한 요소가 들어있다. 인격적 위탁, 증인, 종이라는 세 가지 요소들이다. 제자도의 세 가지 요소는 예수님의 인격과 절대적인 관계를 가지고 있어서 그를 떼어 놓고는 그 의미와 성격을 전혀 이해할 수 없다. 그리고 그들은 개별적으로 떼어 놓고 이해할 수 있는 독립적 요소가 아니라 상호 연관된 복합요소라고 할 수 있다. 인격적인 위탁이 없이는 제자도가 존재할 수 없고, 증인의 요소가 없이는 그 궁극적인 자격을 상실하게 되며, 종의 요소가 따르지 아니하면 제자도의 맛을 잃어버리고 말 것이다.

사도바울은 말하기를 "우리가 이같이 너희를 사모하여 하나님의 복음으로만 아니라"(살전 2:8)고 하였다. 즉 신자를 위한 희생적인 역사를 통하여 새로운 신자를 배출할 수 있을 것이다. 그리스도께서는 3년의 그의 생애를 자기의 12제자들에게 전적으로 투자하셨다. 이 시기의 마지막 때의 약 6개월간 예수님께서 거의 모든 시간을 그들과 함께 지내셨던 것이다. 그래서 제자 훈련자의 스승으로서의 그리스도는 그 다음 사반세기를 지나서 초대 그리스도의 교회가 크게 확장케 될 것을 보증하는 원리를 실천할 필요성을 아셨던 것이다.

이러한 제자는 대량 생산이 불가능하다. 제자를 만드는 일에는 시간이 소요되고 개인적인 관심이 필요하기 때문이다. 새신자가 스스로 하나님의 말씀을 배우고 연구하여 영혼을 살찌우며 성령님의 능력을 힘입어서 말씀을 그들의 삶 가운데 적용시키도록 가르치기 위해서는 많은 인내와 이해가 필요하다.

신약성경은 양육의 이중적 목표를 가지고 있다. 첫째는 새신자의 영혼을 구원하는 것이고, 둘째는 등록한 새신자의 영혼을 구원하는 일만 할 뿐만 아니라 그들이 예수 그리스도를 닮는 생활을 하도록 하고 또한 성숙시키는데 있다.

5) 새신자 양육을 통한 교회 활성화

켄트 헌터(Kent R. Hunter)는 양육의 목표는 교회의 양적인 성장을 넘어서 질적인 성숙을 강조한다고 하였다.

첫째, 말씀 안에서의 성장, 즉 성숙성장이다. 성경은 우리에게 예수님의 은혜와 지식 가운데서 성장해야 한다고 말한다. 이것이 모든 사람들이 성장하는데 필요불가결한 전제조건이 된다. 이와 같이 믿는 자들이 질적으로 성장하지 않으면 교회도 성장하지 못하며,

또 믿는 자들이 하나님의 말씀에 거하지 아니하면 성장할 수 없다.

둘째, 사랑과 교제 안에서의 성장, 즉 공동성장이다. 신약에서의 교제의 개념이 강조되어 나타나며, 또 이 단어는 그리스도인의 공동체를 형성하는 접착제이기도 하다. 하나님께서 예수님을 통하여 용서하시고 사랑하시며, 받아들이신 것과 마찬가지로, 우리로 하여금 사람들을 용서해 주고, 사랑하며 받아들이게 하는 성령님의 역사를 뜻한다.

셋째, 세상을 향한 성장, 즉 봉사성장이다. 복음 전도의 목표는 제자를 삼는 것이므로 복음 전도는 전 성도가 수행하는 주요한 사역이다.

양육의 목표가 교회와 교회의 구성원의 성숙에 달려 있기에 따라서 양육체계를 통하여 더 교회가 활성화가 될 수 있을 것이다. 새신자 양육에 대하여 소홀하게 되면 '오는 사람'이 많이 있어도 '가는 사람'이 많을 것이다. 그러나 새신자 양육을 집중적으로 진행하였을 때 그 결과는 상상이상으로 교회가 성장과 성숙이 되는 것을 볼 수 있을 것이다. 새신자 양육을 잘 받은 사람은 반드시 새로운 새신자를 교회로 이끌 것이다.

2. 새신자 양육 교재

새신자 양육의 내용에는 새신자 양육의 목표를 성취할 수 있는 것이어야 한다. 만족감과 성취감이 반드시 있어야 한다. 즉, 새신자가 성령과 말씀과 사랑으로 그 영적생명이 성장하고 성숙하여 예수 그리스도의 능력 있는 제자로 살아 갈 수 있도록 해야 한다. 그 내용에는 복음이 살아 있어야 하며, 전체적으로 균형이 잡혀 있어야 하며, 그리고 말씀의 적용이 강조됨과 동시에 교리적인 중요성을 함께 갖추고 있어야 한다. 여기에 더하여 목회자의 철학과 비전이 분명히 반영되어 있어야 할 것이다.

1) 새신자 양육 교재

		내용	비고
새가족 바로세우기 새신자 학습자 (크리스천리더)	1과	하나님은 어떤 분이신가요?	하나님
	2과	인간은 왜 죄인인가요?	죄
	3과	예수님만이 구원을 주시나요?	구원
새가족 바로세우기 새신자 지침서 (크리스천리더)	4과	성경은 무엇을 말하고 있나요?	성경
	5과	기도하면 정말로 들어주시나요?	기도
	6과	교회는 무엇을 하는 곳인가요?	교회
	7과	신앙생활은 어떻게 해야 하나요?	신앙생활

7과에서는 교회의 설립과 역사, 담임목사의 철학과 비전 및 사역 방향을 소개하면 좋겠다. 이것을 PPT와 동영상으로 소개하면 더욱 더 좋겠다.

2) 기신자 양육 교재

		내용	비고
새가족 바로세우기 기신자 학습자 (크리스찬리더)	1과	하나님은 스스로 계신 분이십니다	하나님
	2과	예수님은 인류의 소망이십니다	예수 그리스도
	3과	예수님은 구세주이십니다	구원
	4과	성령님은 우리를 인도하십니다	성령님
	5과	예배는 하나님을 만나는 행위입니다	예배
	6과	성경은 영생의 말씀입니다	성경
새가족 바로세우기 기신자 지침서 (크리스찬리더)	7과	기도는 하나님과 대화입니다	기도
	8과	교회는 하나님의 집입니다	교회
	9과	십계명은 신앙생활의 길잡이입니다(1)	십계명 (1)
	10과	십계명은 신앙생활의 길잡이입니다(2)	십계명 (2)
	11과	전도는 기쁜소식을 전하는 것입니다	전도
	12과	헌신은 하나님께 가까이 하는 삶입니다	헌신

3. 새신자 양육의 방법

1) 일대일 양육

성숙한 신자가 일대일의 관계를 맺고 새신자의 양육과 성장을 도와주는 것을 의미한다. 일대일 양육은 한 사람을 개인적으로 만나서 그가 그리스도와 동행하는 삶으로 성장하도록 돕는 것이다. 이것은 "영친관계"를 의미하는 것인데 성숙한 그리스도인이 어린 신자를 맡아 영적 부모 역할을 하는 것을 말한다. 개인 양육은 구원받은 사람은 누구나 할 수 있고, 융통성 있는 스케줄이 가능하며, 쉽게 반복될 수 있고, 절친한 관계를 유지할 수 있으며, 필요한 점을 발견하기가 쉽고, 생활을 통해 모범을 보이기가 쉽다. 또한 격려, 교정, 훈계, 위로 등이 용이하며 지도자 양성이 빠른 것이 특징이다.

2) 소그룹 양육

소그룹 양육은 여러 사람들을 동시에 만나서 그들의 영적인 성장을 돕는 것이다. 가장 많이 사용하는 방법으로, 몇 사람이 탈퇴하더라도 유지할 수 있다. 일대일 양육에 비하여 긴장감을 줄일 수 있으며, 동기부여가 쉽고 다양한 학습 방법과 서로를 위한 기도와 그룹 상담도 가능하다. 또한 다양한 경험을 할 수 있으며 성령님의 은사가 다양하게 나타나고 역동적인 그룹 운영으로 좋은 결과를 얻을 수 있다.

3) 대그룹 양육

대그룹 양육은 공동체 전체를 함께 키워가는 방법이다. 특히 찬양(찬양집회)과 기도(기도원)와 설교 사역을 통하여 잘 나타난다. 영성을 키워나가기에는 효과적이지만 구체적인 돌봄은 불가능하고, 성숙함을 확인하기가 어렵다. 대그룹 양육은 일대일이나 소그룹 양육을 보완할 때 효과가 더욱 크게 나타날 수 있다.

4) 서신 및 통신 양육

많은 사람들이 분주한 삶을 사는 오늘날의 형편을 고려해 볼 때, 편지나 이메일, Team Viewer 어플을 통한 양육도 그 대안이 될 수 있다.

4. 새신자 양육사역을 효과적으로 운영하는 방안

이미 많은 교회에서는 새신자 양육시스템을 가지고 있다. 그러나 그 시스템을 운영하여 열매를 얻고 있는 교회는 그리 많지 않다. 그렇다면 문제는 무엇인가? 그것은 형식적인 새신자 양육시스템만 가지고 있기 때문이다. 이 새신자 양육은 빈틈이 없이 모든 사역자들의 역할이 잘 맞물려 갈 때에야 효과를 거둘 수 있다.

1) 양육 시설의 개선점

교육관이 있는 중, 대형 교회에서는 별 문제가 없겠지만 교육관이 없는 작은 교회에서는 양육이 어려울 것이다. 그러나 우리에게 주어진 여건 속에서 개선할 수 있는 최선의 대책을 강구해야 한다(칸막이를 이용하거나 시간을 조절하여 사용한다). 또한 저녁예배, 삼일예배, 금요철야예배, 구역예배, 권찰회 등 전후를 이용하거나 다른 날을 선택하여 할 수 있다. 이것마저 어려울 때는 초대교회 성도들처럼 교회로부터 가까운 믿음이 좋은 성도의 가정집을 열어 양육을 할 수 있다면 가장 바람직한 해결방법이라고 생각한다.

2) 양육부서의 조직적인 역할 분담

교회에는 많은 부서가 있다. 만일 통합을 한다면 새신자 양육의 특성을 살리지 못하게 된다. 그렇게 된다면 재정문제나 인력 수급에 있어서 많은 어려움이 따를 것이다. 만일 독립 부서로 두고 운영을 한다면 가장 바람직한 방법이 될 것이다. 그러므로 새신자 양육의 극대화를 위해서는 담임목사의 권한 아래 독립부서의 체제로 운영해 나아가는 것이 가장 좋은 방법이 될 것이다.

모든 조직이 마찬가지이겠지만 교회의 새신자부 시스템도 조직적으로 움직여져야 한다. 담임목사의 목회방침과 사역방향에 따라 선발된 새신자부 담당교역자, 임원, 양육교사들이 각자의 주어진 역할에 따라 일사분란하게 움직여 주어야 한다. 교회의 새신자는 세상의 단체나 모임과는 달리 조직적이며 체계적인 부원들의 섬김을 통해 감동을 받고 마음을 열어야 하기 때문에 주일에 새신자부 전체의 움직임과 주중에 각자의 역할에 따라 사역을 잘 감당해야 한다.

3) 지도자의 인식 문제

새신자 목회의 성패를 좌우하는 관건은 지도자에 달려있다고 해도 과언은 아니다. 그것은 지도자의 가르침이 성숙한 신자가 되어 다른 영혼들까지 돌볼 수 있기 때문에 아무리 높은 관심을 가지고 있다 하여도 시간이 없어 몰려드는 새신자들을 관리하는데 어려움이 따르게 마련이다.

일찍이 카톨릭에서는 대부, 대모제를 가짐으로서 교육에 많은 성과를 가져오는 좋은 방법을 갖고 있다. 아직 미숙한 신자들을 위하여 그들의 신앙을 돌보아 줄 사람이 있다는 것은 대단히 의미 있는 일이다.

그것을 우리의 방법으로 적용시켜 만들어 낸 것이 양육위원 제도이다. 그동안 새신자 목회에 대하여 누구도 못지않게 고민하면서 찾아낸 것으로 지금까지 시도한 어떤 방법보다 이 교육위원 제도가 가장 새신자 목회를 위해서는 가장 바람직한 방법이라 생각한다.

그런데 문제는 새신자들의 경험과 교육정도 또는 종교에 대한 이해가 전혀 다르기 때문에 일괄적으로 지도하기는 어렵다. 뿐만 아니라 그들의 개인적인 성품이나 삶의 환경에 따라 결코 한 가지 방법으로 지도하기에는 어렵다. 다시 말해서 한 사람, 한 사람에 대한 개별적인 지도와 도움이 있어야 그들을 바른 신앙으로 인도할 수 있다는 말이다.

이 모든 일을 목회자가 감당할 수 없기에 유모와 같이 한 사람씩 감당하여 돌보아 줄 사람이 있어야 한다. 그런 역할을 감당할 사람들이 바로 교육위원이다. 새신자 양육의 성패를 짊어지고 있는 분들이다. 그러므로 교육위원의 선발은 오랜 훈련(교육훈련, 영성훈련 등)을 통해 목회자와 함께 시간과 물질과 정열과 사랑을 쏟아 부어 돌볼 수 있는 평신도 지도자를 세워야 한다.

4) 따뜻하고 인격적인 인간관계 형성

어느 사회에서나 마찬가지로 교회도 사람들의 관계가 지속되는 곳이기 때문에 인간관계가 대단히 중요하다. 아무리 좋은 양육시스템이 있고 프로그램이 있다 할지라도 새로 온 사람과의 인격적인 신뢰관계가 형성되지 않으면 그것은 아무 소용이 없게 된다. 교회에 새롭게 들어온 사람 자신이 신뢰할 수 있고 소통이 가능한 사람만 있으면 그것은 정착할 수 있는 가능성이 상당히 높다는 것이다.

5) 새신자들의 눈높이를 맞춘 양육교재

새신자를 양육하는데 있어서 교리 공부를 통해 이성에 호소하고 접근하는 것도 중요하지만 그들의 피부에 와 닿는 생동감 넘치는 하나님의 사랑과 자비를 보여주는 교회 공동체가 새신자 양육에 더 효과적이다. 매주 양육은 빔프로젝트로 PPT와 이미지, 사진과 그림으로 아주 간단하고 이해하기 쉽고, 짧게 핵심을 정확히 설명하는 방법이 열매를 맺게 된다.

6) 지속적인 양육시스템의 개발

지금 시대는 급변하는 환경이기 때문에 새롭게 교회에 들어오는 사람들은 모두 한결같은 이유로 교회에 들어오는 것이 아니다. 다양한 계층과 사회적 지위의 차이, 의식과 생각의 차이를 가진 사람들이 들어오기 때문에 새신자 사역은 그들을 수용하기 위해 폭넓은 양육체계를 갖추고 있어야 한다. 성경이 가르치는 범위를 벗어나지 않되 방법은 다양하게, 수용할 수 있는 양육시스템을 개발시켜 나가야 한다. 그래야 새신자들을 교회에 정착시키고 일원으로 만들 수 있게 된다.

7) 새신자부 사역을 위한 적극적인 투자

교회에서 새신자 양육을 시도하려면 최소한의 시설과 예산이 뒷받침을 해주어야 한다. 그런데 개척 교회의 경우에는 더 큰 문제가 될 수밖에 없다. 그러나 심지 않고 거두는 법은 없다. 그러므로 먼 장래를 생각하면서 예비비 및 다른 부서의 도움을 청하고 전 교인을 상대로 새신자 양육만을 위해 헌금을 충당하는 것은 바람직한 방법이라고 볼 수 있겠다.

각 교회마다 새신자부 사역에 대한 중요성은 인정하면서도 연초에 예산을 편성하는 것을 보면 새신자부에 그렇게 많은 재정을 배정하지 않는 것은 모순이라는 것이다. 진실로 한 영혼이 천하보다 귀하다는 것을 인정한다면 교회는 새신자부에 많은 재정을 투자하여 영혼을 바로 세우는 일에 적극적으로 참여해야 할 것이다. 교회 각부서 예산의 10% 정도 삭감해서 새신자부에 재정을 편성하는 것이 현실적으로 가능한 해결책이라 할 수 있다.

5. 사후관리

1) 새신자 바나바 사역의 기본원칙

① 새신자는 연령대 유사 직업군 등을 고려하여 맞추는 것을 원칙으로 하나 때론 대기 중인 바나바에 맞추도록 한다.

② 새신자 연결 사항 및 사진은 새신자 사진 게시판이나 다음카페 '동안 바나바'를 통해 알린다.

③ 새신자 연결은 주중 전화로 알리며 사역이 끝나 대기 중인 바나바는 다음카페에 사역 신청을 한다.

④ 바나바 사역은 4주 과정으로 진행한다.

⑤ 새신자가 무리한 요구를 할 때에는 즉시 담당 교역자에게 알린다(예:물건 강매 등).

⑥ 개인적인 사정(경조사, 출장 등)으로 사역이 어려울 때에는 반드시 책임자에게 사전에 알린다.

⑦ 바나바 사역은 1년을 기간으로 하여 재헌신의 시간을 갖는다.

⑧ 바나바 재교육은 수련회(연2회)를 통해 실시한다.

⑨ 바나바 사역 후 개인적인 성경공부나 큐티 모임 등의 개인적인 접촉은 삼간다.

2) 새신자 바나바 사역이 알아두어야 할 사항

① 식사 후 새신자 교재 공부는 한적한 장소를 이용하라.

② 새신자와 새신자 교재를 나눌 때에는 짧게 기도로 시작하며 가르친다는 자세가 아니라 함께 공유한다는 겸손한 자세를 가져야 한다.

③ 새신자에게 반드시 기존교인 3명을 소개시키되 자신과 친한 사람이 아니라 교회 직분자를 먼저 소개시키라.

④ 예배 시 바나바는 반드시 새신자 옆에 앉아 새신자가 예배를 잘 드릴 수 있도록 도우라.

⑤ 새신자와 만남 약속을 할 경우에는 전화로 미리 만날 시간과 장소를 새신자에게 상시시킨 후 약속시간 10분전에 약속 장소에서 새신자를 기다리라.

⑥ 새가족을 위해 매일 기도하는 것은 새신자 바나바 사역의 필수 사항이다.

3) 상황별 매뉴얼

① 새가족과의 첫 만남에서

첫째, 바나바는 새신자와의 만남에서 새신자가 무엇에 관심이 있는가를 살피며 관심있는 부분에 대하여 대화하는 것이 중요하다.

둘째, 대화의 기술은 자기의 이야기로부터 하는 것이다. 상대방에게 일방적으로 묻는 질문방법은 좋은 대화가 아니다. 그렇다고 너무 많은 자기 이야기를 하지 말라. 대화를 통해 상대방이 관심을 갖는 부분을 관찰해야 한다.

셋째, 새신자가 먼저 말하기 전에 너무 사적인 부분들을 묻지 않도록 하라. 새신자에게 만일 무슨 일이 발생하며 연락해 줄 것을 부탁하며 서로의 전화번호를 확인한다.

② 함께 식사를 하면서

첫째, 바나바는 짝지어진 새신자와 식당에서 식사 또는 다과를 하며 대화를 한다.

둘째, 오늘 예배에 자신이 은혜를 받은 것을 먼저 말하라.

셋째, 자신이 교회에 출석하면서 은혜 받은 것을 간단하게 한두 가지만 간증하라.

넷째, 교회와 교인들의 자랑거리를 말해야 한다.

다섯째, 목사님의 자랑을 많이 말해야 한다.

여섯째, 같이 온 자녀가 있을 경우에는 자녀를 칭찬하는 말을 하라. 그리고 자녀와 관계된 교회활동을 말하라. 가족들과 관계된 교회활동과 기관을 칭찬하며 자랑하라.

③ 교회 내 식구들 소개하는 방법에 대해서
(예:3명을 소개시키는 경우)

첫째, 소개할 사람의 명단을 미리 정하여 주일날 그 사람에게로 찾아 간다.

둘째, 당일에 눈에 띄는 세 사람을 소개한다(가급적 교회 직분자).

셋째, 새신자를 소개할 때에는 언제나 새신자의 이름을 부르며 상대방에게 소개한다.

넷째, 소개하는 대상은 가급적이며 간단하면서도 인상적으로 소개한다.

④ 다시 만났을 때

첫째, 따뜻하고 반갑게 인사한다.

둘째, 일주일 동안에 일어난 좋은 일에 대해 나눈다. 이때 새신자가 좋은 일을 말할 때에는 하나님의 은혜라고 수긍하며 함께 기뻐

한다.

셋째, 만일 새신자가 어려운 일 겪은 것을 나눌 경우 하나님의 큰 은혜를 받기 위한 신호라고 말하며 긍정적으로 용기를 갖도록 말한다. 그리고 계속 기도할 것이니 염려하지 말라고 위로한다.

넷째, 다른 가족과 함께 왔을 경우 그들의 안부를 묻는다. 교회에 같이 출석하였으며 하나님의 은혜와 축복인 것을 말한다. 교회에 같이 오지 못하였으면 다음 주일에 같이 올 것을 권하며 위하여 기도하겠다고 말한다(너무 부담스럽지 않게).

⑤ 교재를 가지고 공부할 때

첫째, 미리 예습을 하여 충분한 내용을 숙지하고 있어야 한다.

둘째, 공부할 장소를 미리 생각하고 정해두면 좋다. 가급적이면 교회 한 편 등의 조용한 곳이 좋다.

셋째, 사역중인 바나바는 언제나 새신자에게 매주 줄 교재를 별도로 준비하고 있어야 한다.

넷째, 공부 시작 전에 짧게 기도하는데 절대로 길게 기도하지 말라. 기도의 내용은 하나님의 은혜에 대한 감사, 말씀의 깨달음을 위한 기도, 새신자의 은혜와 축복을 위한 기도의 3가지 내용이면 좋겠다.

다섯째, 지난 주 공부한 내용을 1~2분 정도 간단하게 나누어도 좋다. 여섯째, 공부가 마치면 간단히 기도한다. 오늘의 공부 요지를 간단히 요약하며 그대로 행할 수 있도록 기도하며, 새가족의 평강과 복을 위해 기도한다.

일곱째, 다음 주에 다시 만날 것을 다시 약속한다.

⑥ 탁월한 새신자 바나바가 알아야 할 20가지 노하우

- 하나님께서 맺어주신 사랑으로 알고 자신을 정중하게 소개한다.
- 매일 새신자을 위해 기도하며 일주일에 한 번 이상 안부전화를 한다.
- 만날 때마다 주님의 사랑과 친절로 대한다.
- 개인 및 교회에 건의사항이 있으면 담당 교역자에게 알린다.
- 새가족으로 하여금 전도하여 열매를 맺도록 격려한다.
- 주일 날 예배 후 점심식사를 함께 하도록 노력한다.
- 매주일 예배 후에 3사람 이상 소개시켜 준다.
- 바나바 보고는 사역을 마치면 사역일지 양식에 따라 보고한다.
- 새신자가 최대한 소그룹으로 연결되도록 노력한다.
- 새신자의 양육과정이 연결되고 봉사부서에서 섬길 수 있도록 안내한다.
- 바나바는 자신의 말을 절제하고 새신자의 말을 잘 들어준다.
- 바나바 교육이 끝난 후에도 지속하여 관심을 갖는다.
- 바나바는 공부가 아니라 관심이다.
- 바나바는 항상 겸손하게 섬기는 모습을 보여 주어야 한다.
- 바나바는 특권계급이 아니며 신앙과 생활에 본을 보여 주어야 한다.
- 새신자의 신앙과 믿음에 따라 행한다.
- 약속한 것은 반드시 지킨다.

- 부정적인 것을 말하지 않는다.

- 자기를 자랑하지 않는다.

- 새신자에게 들은 말은 누구에게도 말하지 않는다.

6. 양육과 정착의 관계

1) 양육

새신자 양육은 믿음 안에서 새신자를 대상으로 하는 영적인 일이다. 사회에서 행하여지는 일반적인 교육과는 다르다.

사회에서는 교육은 지식을 습득하는데 많은 비중을 두고 있지만 새신자의 양육은 성경의 지식을 많이 알도록 하는 것을 의미하지 않는다. 즉 새신자 양육은 항상 생활적이고 실제적인 교육을 의미한다. 따라서 단순한 교리 학습이나 지적 성경공부와는 성격이 다르다고 할 수 있다.

새신자 시절부터 철저하게 실생활과 관련이 있는 신앙을 갖도록 기초를 잡아 주어야 하고, 예수 그리스도를 삶에서 따르지 않는 한 진정으로 예수님을 알 수 없다는 평범한 진리를 깨닫게 도와주어야 한다.

새신자는 영적 유아이다. 유아는 자동적으로 성장하는 것이 아니라 성장의 조건이 구비되었을 때 비로소 성장한다. 이 성장의 조건은 유아 자신이 구비할 수가 없다는 것이다.

이것은 부모들에 의해서 구비되는 것이다. 마찬가지로 영적 유아기인 새신자들에게 있어서도 그들이 그리스도의 장성한 분량에 이르기까지 자라기 위해서는 영적 성장의 조건이 필요하다. 이것 역시 새신자 자신이 만들 수 없기 때문에 이러한 영적 성장을 도와줄 영적부모가 있어야 한다.

양육은 새신자가 그 교회에 정착하여 안정된 신앙생활을 지속하도록 돕는 것을 목표로 해야 한다.

즉 양육은 교회의 주인의식을 갖도록 하는 과정으로 "떠돌이 신자"가 되도록 해서는 안 된다. 그리스도인의 삶이란 단지 믿는 것에 그치는 것이 아니라 공동체 안에 속하는 것도 포함된다.

교회의 지체가 된다는 것은 단지 어떤 기관에 형식적으로 속하게 되는 것이 아니라, 살아 있는 몸의 한 중요한 기관이 되는 것을 의미한다.

양육하는 자는 그리스도의 본의 모습을 심어주고, 영적으로 지속적인 교제를 함으로서 양육이 이루어진다. 또한 양육은 짧은 시간을 가지고 행하여지는 것이 아니라 오랜 시간을 두고, 체계적으로 단계적인 과정을 통해서 이루어지는 것을 보게 된다.

그런데 새신자는 돌봄에 있어서 양육과 함께 고려되어야 할 개념이 있다. 그것은 '정착'이다. 양육과 정착이 구분되기 쉽지는 않다.

2) 정착

정착의 의미로 한덕기는 새신자 정착은 새로 출석한 교인들에게 교회가 준비해야 할 사역이며, 새신자가 하나님의 자녀가 되었음을 인식하게 하고, 교회의 모임과 활동에 참여하고, 하나님의 말씀을 읽고, 기도의 생활을 하고, 성도의 교제에 참여하여 서로간의 사귐을 가지고, 그리스도의 증인이 되도록 새신자를 도와주는 모든 과정이라고 정의하고 있다.

즉 새신자 정착이란 한 교회에 처음 출석한 사람이 출석한 교회에 지속적으로 출석할 수 있도록 돕는 것이다.

그렇지만 교회를 계속해서 나오지 아니하고, 신앙생활을 하지 못하고 떠나는 사람들이 많은 것은 정착이 되지 못했기 때문이다. 그런데 정착의 개념들이 양육의 개념들과 혼동되어 사용된다. 예를 들어 장원철은 양육이 되지 않아서 떠난다고 했지만 원인은 정착이 우선시 되지 않았기 때문이라고 볼 수 있다.

정착에 대한 이해의 부족으로 정착은 양육의 개념에 포함되어 사용되는 경우들이 많다.

예를 들어 한덕기는 정착의 개념에 포함된 양육의 이론들을 다음과 같이 제의하고 있다.

❶ 구원의 확신을 가지고 하나님을 믿도록 새가족을 돕는 일
❷ 신앙이 성장하도록 새가족을 돕는 일
❸ 풍성한 그리스도인의 생활의 기본적인 것을 이해할 수 있도록 세가족을 돕는 일
❹ 교회생활에 전심을 다 할 수 있도록 새가족을 돕는 일
❺ 자기의 신앙을 다른 사람에게도 전할 수 있도록 새가족을 돕는 일

또한 정착과 양육의 순서에 있어서도 정착보다 양육을 먼저 생각하기 때문에 정착을 힘들게 하는 경향이 있다.

예를 들면 도서의 이름에서 양육과 정착의 순서를 바꾸어서 생각한다. 한제희 외 4인이 지은 「새신자 양육에서 정착까지」라는 도서이다. 이러한 제목들은 정착과 양육의 순서 과정을 더 어렵게 만드는 요인이 된다.

새신자들은 하나님께 진정으로 예배드리기 전에 교회의 전통이라는 엄숙함과 경험해 보지 못한 힘든 예배순서나 교회 안의 질서들에 부딪치게 된다.
기존 교회의 체제에 낯설기만 한 새신자들은 처음부터 교회에서 소외감과 부담감을 느끼게 된다.
하나님을 만나기에는 너무도 많은 계명과 성경말씀, 너무도 생소한 교회 문화의 장벽을 뛰어 넘어야 한다.
또한 기존 신자 중에서도 리더자들에게 나타나는 바리새인적인 모습이 새신자들이 교회에 정착하는데 어려움을 갖게 한다고 말한다.

이러한 것을 극복하기 위해서는 새신자에게 먼저 양육의 단계보다 정착의 단계로 교회 및 목회자의 목회철학 소개, 교인들과의 관계형성 등을 통해 새신자가 교회에 대한 관심과 사랑을 가질 수 있도록 하는 것이 필요하다.

일반적인 새신자 정착에 대한 모형을 다음과 같이 생각한다.

[그림 1 – 일반적인 정착 모형]

그렇지만 이것은 정착과 양육에 대한 개념을 잘 이해하지 못한 것이다. 양육을 시켜서 정착이 되는 모형은 어렵다. 아니 그렇게 되어서는 안된다.

왜냐하면 정착이 되지 않고, 양육을 하게 되면 바른 신앙성장이 이루어 질 수 없기 때문이다.

이러한 도식은 한국교회에서 일반화된 새신자 정착 방법이다. 어떻게 보면 당연한 도식 같지만 여기서는 심각한 교회 중심, 목회자 중심의 사고가 숨어 있다. 새신자의 입장에서 보면 이 도식은 매우 부담스러운 것임에 틀림없다.

새신자가 교회를 찾는 이유를 생각해 본다면 그들은 교회에 와서 위로받고 희망을 찾기 원하지 결코 교육을 받으러 오는 것이 아니다. 그런 새신자에게 반을 만들어 교육을 실시하면 부담스러워하지 않을 사람이 없다.

목회자나 사역자들이 아무리 열심히 교안을 만들고 훌륭한 강의를 준비했다고 하더라도 '교육'이 가지는 중압감을 새신자가 이겨내기는 쉽지 않다.

자신의 기대와는 전혀 다른 대우를 받은 새신자들이 교회를 기피하는 것은 어쩌면 당연한 결과이다.

새가족이 교회에 처음 올 때, 교회로부터 받기 원하는 것은 교육이 아니라 '사랑의 관심'이다. 교회에 와서 보면 뭔가 다른 것이 있을 것이라는 기대가 있기 마련이다. 그래서 다음과 같은 도식이 되어야 한다.

[그림 2 – 수정된 정착 모형]

등록과 정착, 그 다음에 양육이 오는 것이다.

이런 개념을 가지고 새신자 정착을 행할 때에 교회에서는 바른 정착 프로그램이 나오게 되고, 또한 양육 프로그램과 연결되어 질 것이다.

3장 chapter

기도, 믿음의 으뜸가는 행사

1. 성경적인 기도란 무엇인가? | 2. 한국교회의 잘못된 기도의 모습은 무엇인가? | 3. 올바른 기도의 법칙은 무엇인가?

3장 chapter

기도, 믿음의 으뜸가는 행사

1. 성경적인 기도란 무엇인가?

1) 기도의 정의

먼저 기도는 기독교에만 있는 것이 아니다. 기도는 범종교적으로 공통되는 행위이다. 모든 종교에는 절대자를 향한 기도가 있다. 그러나 타종교는 고행 중심, 일방적 기도 등을 일삼는 반면, 기독교의 기도는 참 하나님을 대상으로 하고 있다.

그럼 기도란 무엇인가?

첫째, 일반적으로 기도는 하나님과의 대화라는 것이다. 이것이 보편적인 정의이다. 영을 지닌 인간이 영이신 하나님과 대화를 하는 것이 기도이다.

그리고 기도는 하나님과의 대화이기에 하나님의 높은 뜻을 찾을 수 있으며, 이에 대해 조지 버트릭은 "참된 기도는 그리스도교 신앙을 바탕으로 하여 하나님의 뜻과 목적에 접하는 것이다."라고 말한다. 또한 기도는 대화이기에 기도를 통하여 하나님과의 친밀함이 형성될 수 있음이 매우 중요하다고 볼 수 있다.

둘째, 기도의 정의는 영적인 호흡이다. 호흡은 생명체에게 있어서 필수적이다. 즉, 호흡하지 않으면 육체가 죽음에 이르는 것처럼, 인간의 영혼은 기도의 호흡을 하지 않으면 영적인 질식감을 경험하게 된다. 그러므로 기도는 호흡이 끊어져서는 안 되며, 하나님 앞에 쉬지 말고 기도하여야 한다. 성도는 기도할 때 정체성을 가지기 때문에, 기도를 통하여 성도의 호흡을 이루어야 하는 것이다(살전 5:17).

셋째, 기도의 정의는 문제 해결의 열쇠이다. 예수님은 산상수훈에서 "구하라 그리하면 너희에게 주실 것이요, 찾으라 그리하면 찾을 것이요, 문을 두드리라 그리하면 열릴 것이니(마 7:7)라고 말씀하셨다. 기도를 통하여 인간은 자신의 당면 문제를 전능하신 하나님 앞에서 간구하며 이를 해결할 수 있는 것이다.

결국 기도는 하나님과의 대화이며, 영적인 호흡이며, 문제 해결의 열쇠이다. 기도는 결코 일방적이지 않고 쌍방향적이며, 추상적이지 않고 구체적이며, 실질적이고, 효과적인 것이다. 또한 기도는 쉬운 일이 아니다. 기도는 영적인 일이기 때문이다. 인간 본성은 힘든 영적 일을 좋아하지 않는 성향이 있다.

E.M 바운즈는 "기도는 자신의 지력과 자존심을 버리고 허영을 십자가에 못 박으며 자신의 영적 파산을 인정하는 것인데, 이 모든 것이 혈과 육으로서 감당하기 힘든 점이다. 이런 것들을 지느니 차라

리 기도하지 않는 것이 더 쉽다."라고 말하며, 기도의 어려움을 토로한다. 하지만 기도만이 하나님과 대화를 이루고, 호흡을 이루며, 인간사의 모든 문제 해결을 기대할 수 있는 것이다. 이것이 바로 기도이며, 그러므로 반드시 기도를 실천해야만 한다.

이 엠 바운즈(E. M. Bounds)는 말하기를 "성도를 만드는 것은 기도의 힘이다. 기도하면 기도 할수록 참된 성도가 되어간다. 기도를 위하여 많은 시간, 특별히 아침 시간을 바치면 성스러운 생활에서 그 효과가 현저하게 나타나게 된다."라고 했다. 기도의 능력만이 성도다운 성도를 만드는 도구요, 교회다운 교회를 만드는 힘인 것이다.

엘머 타운즈(Elmer L, Towns)는 "기도는 하늘에 계신 아버지와의 대화이다."라고 말했다. 사람은 기도를 통하여 하나님과 교제를 원한다. 그뿐만 아니라 하나님도 사람과 교제를 원하신다. 사람은 하나님과의 교제를 통하여 자신의 소원을 고백하며 하나님의 뜻을 깨닫고 자신의 그 뜻에 순종한다. 그래서 기도는 그리스도인이 성공적인 생활을 살아가는 기초가 된다.

A. B 심프슨(A. B Simpson)은 "기도는 자녀가 하늘에 계신 그의 아버지와 나누는 총명한 대화이다."라고 말했다. 기도로 간구하는 사람은 자녀이고, 기도가 드려지는 직접적인 대상은 성부 하나님이시다. 기도는 성부 하나님께서 나타나시는 것에 앞서 성자 하나님

의 중보가 있어야 함을 전제로 하고 있다. 그리스도의 중보의 중요한 목적은 우리를 하나님께로 인도하고 우리 하나님 아버지를 화해와 친교의 아버지로 우리에게 나타내 주시는 것이다. 그러므로 누구든지 주 예수 그리스도를 구주로 영접하여 하나님의 자녀가 되었다는 사실을 깨닫기 전에는 진정한 기도를 할 수가 없다.

리처드 포스터(Richard J. Foster)는 "기도는 하나님의 마음, 곧 우리의 본향을 여는 열쇠이다." 하나님은 우리를 우리의 본향으로 영접하신다. 우리의 본향에는 평안과 기쁨이 있고 다정함과 교제와 솔직함이 있으며 친밀함과 용납이 있다. 우리는 예수 그리스도 안에 있는 하나님의 은혜와 자비의 문을 통해 그 안으로 들어갈 수 있다. 우리는 기도를 통하여 하나님과 끊임없는 사랑의 관계를 맺고, 하나님의 풍성함과 부유함 속에서 평안을 누릴 수 있다.

해리 에머슨 포스딕(Harry Emerson Fosdick)은 "기도란 하나님과 진지하고도 친숙한 대화를 나누면서 이루는 사귐"이라고 보았다. 하나님과 우리의 관계는 부모와 자녀의 관계처럼 애정이 성장해 가는 관계이다. 그러므로 기도는 의무가 아니라 하나님의 자녀로서 누리는 특권이다. 우리는 기도를 통하여 하나님과 대화함으로써 하나님이 현존해 계시다는 것을 확인한다. 그러므로 기도는 하나님의 선물을 간절히 구하는 것이라기보다는 우리의 영이 하나님과의 사귐을 통하여 하나님의 현존을 확신하는 것이다.

오 할레스비(O. Hallesby)는 "기도란 우리의 마음속에 예수님을 모셔 들이는 일입니다"라고 말하고 있다. 하나님은 그리스도 안에 풍성한 은혜를 마련하사 우리 주위를 둘러싸고 계신다.

그러므로 우리는 우리의 마음 문을 열기만 하면 되는 것이다. 예수님께서 우리가 당하는 고통가운데 변화를 주시도록 마음으로 원하는 것이다. 그리하여 예수님을 우리의 고통 속에 가까이 오시게 하며 그의 능력으로 우리의 어려움들을 처리하시도록 부탁하는 일이다. 그러므로 기도는 영혼의 호흡이며, 그리스도를 우리의 메마르고 시들은 심령 속에 모셔 들이는 기관이다.

기도는 예수 그리스도의 십자가와 부활에 힘입어 하나님의 자녀가 된 것에 대한 감격적 깨달음에서 시작하는 것이고, 창조주이며 역사의 주관자이신 하나님을 향한 신자의 신앙표현이며, 성공적인 신앙생활의 기초이다. 기도하는 사람은 하나님의 은혜와 사랑 가운데 우리에게 부요한 풍성함과 부유함을 신뢰하고 자신의 무력감을 인정하고 하나님과 교통하는 관계를 맺는다. 이 교제는 우리가 숨을 쉴 때 공기가 조용히 들어와서 폐 안에서 그 기능을 다하듯이 예수님이 우리의 심령 속에 조용히 들어오셔서 내 안에서 하나님께 소원을 간구하시며(롬 8:26-27), 하나님 자신의 목적을 성취하신다.

대감독 테이트는 "나는 보다 위대하고 보다 깊고 보다 진실한 기도의 생활을 원한다. 기도는 신앙생활 및 교회봉사와 신학활동의 생명이요, 중심이다. 그래서 기도가 끊길 때 그리스도인의 영적인 호흡은 중단이 되고, 따라서 그리스도인의 영성이 약해지고 사역의 열매가 빈약해 지는 것을 경험하게 된다. 그리스도인의 영성이 약해지면 그의 모든 삶과 활동이 따라서 약해지게 될 것이다.

　기도는 신앙생활의 생명이요 중심이다. 그러나 기도가 중단되면 그리스도인의 영적인 호흡은 중단이 되고, 따라서 그리스도인의 영성이 약해진다. 그리스도인의 영성이 약해지면 그의 모든 삶과 활동이 따라서 약해지게 될 것이다. 기도는 살아 있는 신앙의 표현인 것이요 하나님께 대한 사랑과 필요(love and desire)를 말로 알리는 믿음이다(시54:6) 기도는 성도들을 강하고 성숙한 하나님의 사람이 되게 한다. 강하고 성숙하게 훈련되어진 성도들로 모여진 교회는 그만큼 세상에 영향력을 끼치게 될 것이고, 세상에서 하나님의 나라와 하나님의 뜻을 이루어 가게 될 것이다.

　2) 기도의 목적

　기도해야 할 필요성에 대해서 우리는 기도를 통해서 하나님께서 우리를 위해 예비해 두신 부(富)에 도달할 수 있다고 한다. 왜냐하면 기도는 사람과 하나님 사이의 친교로서 사람들이 하늘 성소에 들어가 직접 하나님께 그의 약속에 대하여 간구하기 때문이라는 것이다. 따라서 하나님께서 주시겠다고 약속하신 것들은 기도 없이는 하나도 얻을 수 없다는 것을 알 수 있다. 우리를 위하여 하늘의 아버지 곁에 저축되어 있는 부요함에 닿는 것은 기도의 은총에 의해서이다. 왜냐하면, 하나님께서는 말씀을 통해 약속하셨고, 인간은 기도를 통해 하나님과 교통을 하기 때문이다. 물론 기도가 얼마나 필요한 것이며, 그것이 얼마나 많은 방면에 유익된 것인지를 말로 모두 표현할 수는 없다. 그분의 이름을 부름으로써 우리는 우리의 일들을 지켜보시며 보호하시는 그분의 섭리하심과, 나약하고 거의 쓰러지는 우리를 지탱해 주시는 그분의 전능과, 비참하게 눌려있는 우리를 은총으로 받아주시는 그분의 선하심의 임재를 기원한다. 우리는 하나님의 이름을 부름으로써 하나님의 섭리와 권능과 자비에 호소하게 되는 것이다. 그러므로 하나님 자신을 완전히 나타내시도록 하나님을 부르는 것이 바로 기도이다.

기도의 목적으로 하나님과의 교제가 있다. 우리의 인생 여정에 가장 필요한 것, 모든 것을 하나님은 우리에게 주신다. 우리가 하나님께 속해 있는 한, 그분의 섭리는 우리를 위해 역사하시며, 우리는 그분의 능력과 십자가의 지배 아래 놓여있게 된다.

우리는 성령님이 우리를 예수 그리스도에게 인도해 준다는 사실을 기억해야 한다. 기도의 결과로서 성령님이 우리에게 더욱 충만하게 임한다면, 우리가 성령님의 능력으로 말미암아 주님과 함께 교제하는 것이고, 그분과 더욱 가까이 연합하는 데까지 자라는 것이다. 예수 그리스도 안에서 우리는 하나님과의 교제와 우리가 필요한 모든 은사를 발견한다.

따라서 주님께서 기도를 제정하신 목적은 주님 자신을 위한 것이라기보다는 도리어 우리를 위한 것이다. 사람들이 자신이 원하는 것과 자신에게 유익이 되는 것이 하나님께로부터 온다는 사실을 깨닫고 이를 기도로 증명함으로써 하나님도 기뻐하신다. 그러나 하나님을 경배하는 이러한 제사의 유익은 우리에게 되돌아오는 것이다. 기도의 목적은 단순히 우리의 욕구를 충족시키기 위한 간구가 아니라 기도를 통하여 하나님의 현존 가운데 거하여 그 안에서 참된 평화와 안식을 누리는 것이다.

첫째, 우리의 마음은 주님을 찾고, 그분을 사랑하고, 그분을 섬기려는 열정으로 불붙어야 하기 때문에 우리는 항상 기도해야 하며, 우리가 곤궁에 처할 때 마다 주님께 달려가기 위해서 우리는 항상 기도해야 한다.

둘째, 하나님의 증거자로 여기기를 부끄러워하는 마음이 일어나지 않게 하며 우리의 모든 소원들을 하나님 앞에 제시하며 우리의 모든 마음을 쏟아 놓을 것을 배우기 위해서 우리는 항상 기도해야 한다.

셋째, 하나님의 은혜를 감사함으로 수용할 준비가 잘 되어지기 위하여 우리는 기도해야 하며, 이 기도로써 우리는 하나님의 손으로부터 모든 은혜가 온다는 것을 알게 된다.

넷째, 우리가 바라고 찾던 바를 얻으며 하나님이 우리의 기도를 들어주셨다고 확신함으로 우리는 하나님의 은혜를 더욱 열정적으로 묵상하도록 인도함을 받기 위해서 끊임없이 기도해야 한다.

　다섯째, 우리는 기도에 의하여 얻었다고 인정하는 모든 것들을 더욱 큰 기쁨으로 받기 위하여 우리는 항상 기도해야 한다.

　여섯째, 연약한 우리들이 하나님의 섭리를 더욱 확실히 믿게 되려면 역시 우리는 항상 기도해야 한다. 하나님은 결코 우리를 실망시키거나 곤궁의 상황에서 자기를 부르도록 허락지 아니하시지 않으신다.

　하나님께서 우리에게 기도를 명하신 것은 그분 자신을 위해서가 아니고 우리를 위해서이다. 우리의 믿음이 약해지거나 태만해지지 않도록 하고, 하나님을 사랑하며 섬기겠다는 열의가 우리 마음속에서 불일 듯 하며, 하나님 앞에 우리의 모든 소원을 온전히 아뢰고, 하나님께서 여러 가지 은혜를 주실 때에 진심으로 감사하면서 받고, 그분의 인자하심을 더욱 열심히 묵상하며, 더욱 큰 기쁨으로 하나님의 응답을 받아들이고 그분의 섭리를 확신하도록 하기 위해서 우리가 기도한다.

　따라서 우리의 기도는 하나님의 말씀에 기초하여 그분의 선하신 뜻을 따라서 하게 되어 있는 까닭에 기도의 유일한 목적과 합당한 용법은 하나님의 약속의 열매들을 거두는 것과(시 119:38), 하나님을 찬미하여 그분의 도움을 구하는 것이다. 또한 기도는 사람이 하나님과 교통하는 것이기 때문에, 기도의 목적은 하나님과의 교통을 통해서 성령님의 능력을 힘입어 성장하는 데 있다.

우리의 기도의 목적은 다음의 세 가지로 제시할 수 있다. 첫째는 자기의 무능력, 무가치, 자신의 부패성을 발견하여 회개하고 자기 결점을 고치기 위해 기도하는 것이다. 둘째는 하나님의 자비와 긍휼을 기다리고 하나님의 은혜 안에서 하나님과 함께 사는 것이다. 하나님과 기도로 교통하며 하나님과 연합된 삶이 되도록 기도하는 것이다. 셋째는 사랑의 실천으로서의 삶 그 자체이다. 기도와 삶은 분리되지 않는다. 삶 속에서 맺는 기도의 열매는 하나님을 향한 사랑이며 이웃에 대한 사랑이다. 기도를 하나님에 대한 사랑의 행위로 본다면, 이웃 사랑은 기도의 다른 방식이며 또한 그 열매이다.

기도의 목적은 하나님을 찬미하며 하나님의 약속의 열매들을 거두는 것이다.

그리고 기도는 하나님과 교통하는 것이다. 때문에 기도의 목적은 하나님과의 교통을 통하여 성령의 능력을 힘입어 성장하는데 있다.

3) 기도의 자세

마태복음 6장 5절 이하에 있는 예수님의 기도의 교훈은 사복음서에서 처음으로 언급되는 내용이다. 그런데 이 교훈에서 맨 먼저 언급된 것은 기도의 여러 가지 교훈 중에서 다른 것이 아니라, "기도의 자세"이다. 기도의 자세가 중요한 것은 기도의 응답과 연관되기 때문이다. 예를 들면 외식하는 자의 기도는 이미 "자기 상"(마 6:5)을 받았기 때문에 이런 자의 기도에는 응답이 없다는 것을 예수님은 암시하셨다. 요컨대 기도자세가 응답을 전제하는 것이라면 기도의 자세가 얼마나 중요하다는 것을 확인할 수 있다. 따라서 예수님이 가르치신 모든 기도의 교훈들 중에서 기도의 자세는 모든 기도의 응답과 연관되어 있다는 것을 유추하여 알 수 있다.

① 외식하는 자세를 버리라

5 또 너희는 기도할 때에 외식하는 자와 같이 하지 말라 그들은 사람에게 보이려고 회당과 큰 거리 어귀에 서서 기도하기를 좋아하느니라 내가 진실로 너희에게 이르노니 그들은 자기 상을 이미 받았느니라 6 너는 기도할 때에 네 골방에 들어가 문을 닫고 은밀한 중에 계신 네 아버지께 기도하라 은밀한 중에 보시는 네 아버지께서 갚으시리라(마 6:5-6)

외식하는 자의 기도의 특징은 첫째, 사람에게 보이려는 것인데, 이것은 "사람 앞에서 의를 행하려고 하는 것"(마 6:1)이다. 이런 기도는 의도하는 바대로 이미 사람들로 부터 자기 상을 받았기 때문에 "하늘에 계신 아버지께로 부터는 상을 얻지 못하는 것"(마 6:1)이다. 하나님은 은밀한 중에 하는 기도에 응답하신다고 하셨다.

② 중언부언으로 기도하지 말라

7 또 기도할 때에 이방인과 같이 중언부언하지 말라 그들은 말을 많이 하여야 들으실 줄 생각하느니라 8 그러므로 그들을 본받지 말라 구하기 전에 너희에게 있어야 할 것을 하나님 너희 아버지께서 아시느니라(마6:7-8)

'중언부언하지 말라'는 '무의미한' 혹은 '쓸데없는' 이란 뜻으로 이 말은 생각 없이 말을 많이 하거나 같은 말을 의미 없이 반복하여 말하는 것이다. 그런데 예수님은 길게 기도하는 것이나 반복적인 기도자체를 금하신 것이 아니다. 예수님은 자신이 길게 기도를 하셨고(마 6:12), 반복하는 기도도 하셨다(마 26:44). 예수님이 지적하신 것은 길게 하는 기도가 효력을 보장한다는 이교도들의 주문(呪文) 형식의 기도를 금하신 것이다. 우리의 기도가 효력이 있는 것은 주문형식의 무의미한 반복에 있는 것이 아니라 주님의 약속을 신뢰하는 믿음에 있는 것이다.

예수님은 바리새인들의 외식적인 기도와 이방인들의 중언부언의 기도를 강력하게 금하시고, 하나님께서 우리의 필요를 이미 아신다는 것을 기억하라고 하면서 구하라고 가르치신다.

왜냐하면 기도는 나의 시급한 형편에 있는 정보를 하나님께 알리는 데에 목적이 있는 것이 아니라, 하나님께서 나의 사정을 다 아시는 것을 전제하고서도 기도하는 것은 우리 자신에 대한 무능력함의 고백이요, 그 도움은 오직 하나님 외에는 다른 어떤 것으로 부터 찾을 수 없다는 것과 하나님 외에는 어떤 것으로부터도 그 도움을 찾지 않겠다는 공언된 포기인 것이다. 바로 이 고백과 승인이 하나님께 영광이 되는 것이요, 그리고 이것은 하나님을 하나님 되게 하는 것이요, 인간을 인간되게 하는 것이다.

③ 지속적으로 담대하게 구하라

7 구하라 그리하면 너희에게 주실 것이요 찾으라 그리하면 찾아낼 것이요 문을 두드리라 그리하면 너희에게 열릴 것이니 8 구하는 이마다 받을 것이요 찾는 이는 찾아낼 것이요 두드리는 이에게는 열릴 것이니라 9 너희 중에 누가 아들이 떡을 달라 하는데 돌을 주며 10 생선을 달라 하는데 뱀을 줄 사람이 있겠느냐 11 너희가 악한 자라도 좋은 것으로 자식에게 줄 줄 알거든 하물며 하늘에 계신 너희 아버지께서 구하는 자에게 좋은 것으로 주시지 않겠느냐 12 그러므로 무엇이든지 남에게 대접을 받고자 하는 대로 너희도 남을 대접하라 이것이 율법이요 선지자니라 (마 7:7-12)

5 또 이르시되 너희 중에 누가 벗이 있는데 밤중에 그에게 가서 말하기를 벗이여 떡 세 덩이를 내게 꾸어 달라 6 내 벗이 여행중에 내게 왔으나 내가 먹일 것이 없노라 하면 7 그가 안에서 대답하여 이르되 나를 괴롭게 하지 말라 문이 이미 닫혔고 아이들이 나와 함께 침실에 누웠으니 일어나 네게 줄 수가 없노라 하겠느냐 8 내가 너희에게 말하노니 비록 벗됨으로 인하여서는 일어나서 주지 아니할지라도 그 간청함을 인하여 일어나 그 요구대로 주리라 9 내가 또 너희에게 이르노니 구하라 그러면 너희에게 주실 것이요 찾으라 그러면 찾아낼 것이요 문을 두드리라 그러면 너희에게 열릴 것이니 10 구하는 이마다 받을 것이요 찾는 이는 찾아낼 것이요 두드리는 이에게는 열릴 것이니라 11 너희 중에 아버지 된 자로서 누가

아들이 생선을 달라 하는데 생선 대신에 뱀을 주며 12 알을 달라 하는데 전갈을 주겠느냐 13 너희가 악할지라도 좋은 것을 자식에게 줄 줄 알거든 하물며 너희 하늘 아버지께서 구하는 자에게 성령을 주시지 않겠느냐 하시니라(눅11:5-13)

예수님은 반복해서 지속적으로 기도할 것을 가르치신다. 여기서 예수님께서 사용하신 논증법은 랍비들의 소위 "경한 것에서 중한 것으로의 논증법"(argument from minor to major)이다.

즉 인간의 아버지가 자식이 구하는 대로 주고, 인간친구가 강청하는 대로 필요를 준다면 하물며 하나님께서는 더욱 더 구하는 자에게 주시지 않겠느냐 하는 것이다. 이것은 하나님께서 우리 모두를 기도에로 초청하시는 강력한 자애로운 권면이라고 볼 수 있다. 따라서 하나님의 기도에의 초청을 마음 놓고 신뢰하라는 자세를 요구하시는 것이다.

④ 믿음을 가지고 기도하라

23 내가 진실로 너희에게 이르노니 누구든지 이 산더러 들리어 바다에 던져지라 하며 그 말하는 것이 이루어질 줄 믿고 마음에 의심하지 아니하면 그대로 되리라 24 그러므로 내가 너희에게 말하노니 무엇이든지 기도하고 구하는 것은 받은 줄로 믿으라 그리하면 너희에게 그대로 되리라(막 11:23-24)

이 교훈은 기도할 때 "이 기도를 하나님께서 들어 주실까?" 하는 회의와 의심을 가지고 기도해서는 안되며, "내가 하는 기도를 하나님께서 들으신다"는 확실한 믿음으로 기도하라는 것이다. 그러면 "산을 명하여 바다에 던지우라"는 것과 "무엇이든지 기도하고 구하는 것은 받은 줄로 믿으라"는 말은 무슨 뜻인가? 전자는 문자적으로 이해 할 수 있는 것이 아니라 비유적으로 이해하여야 할 것이다.

산을 바다로 옮기는 것은 불필요하고 어리석은 일이지만 그러나 그와 같은 기적적인 일, 즉 인간으로서는 불가능하나 하나님으로서는 가능한 일들이 필요한 때가 있으며 이런 일은 실제로 제자들의 사역을 통해서도 나타났다. 후자도 이런 맥락에서 이해하여야 할 것이다. 요컨대 기도는 믿음의 표현이라는 것이다.

⑤ 낙심하지 말고 지속적으로 기도하라

1 예수께서 그들에게 항상 기도하고 낙심하지 말아야 할 것을 비유로 말씀하여 2 이르시되 어떤 도시에 하나님을 두려워하지 않고 사람을 무시하는 한 재판장이 있는데 3 그 도시에 한 과부가 있어 자주 그에게 가서 내 원수에 대한 나의 원한을 풀어 주소서 하되 4 그가 얼마 동안 듣지 아니하다가 후에 속으로 생각하되 내가 하나님을 두려워하지 않고 사람을 무시하나 5 이 과부가 나를 번거롭게 하니 내가 그 원한을 풀어 주리라 그렇지 않으면 늘 와서 나를 괴롭게 하리라 하였느니라 6 주께서 또 이르시되 불의한 재판장이 말한 것을 들으라 7 하물며 하나님께서 그 밤낮 부르짖는 택하신 자들의 원한을 풀어 주지 아니하시겠느냐 그들에게 오래 참으시겠느냐 8

내가 너희에게 이르노니 속히 그 원한을 풀어 주시리라 그러나 인자가 올 때에 세상에서 믿음을 보겠느냐 하시니라(눅 18:1-8)

기도가 원하는 때에 이루어지지 않는다고 하여 낙심하지 말아야 하며, 지속적으로 신뢰를 가지고 기도하여야 할 것을 가르치신다. 여기서도 역시 랍비들의 논증법인 "경한 것에서 중한 것으로의 논증법"(argument from minor to major)을 사용하신다.

즉 이 세상의 불의한 재판관도 한 과부의 소송을 들어준다면 하물며 하나님께서 택하신 자녀들의 기도를 들어 주시지 않겠느냐는 것이다. 여기서는 응답이 늦어진다고 생각되는 때에도 실망하지 말고 지속적으로 신뢰하는 가운데 기도할 것을 가르치셨다.

⑥ 겸손하여 회개하는 마음으로 기도하라

9 또 자기를 의롭다고 믿고 다른 사람을 멸시하는 자들에게 이 비유로 말씀하시되 10 두 사람이 기도하러 성전에 올라가니 하나는 바리새인이요 하나는 세리라 11 바리새인은 서서 따로 기도하여 이르되 하나님이여 나는 다른 사람들 곧 토색, 불의, 간음을 하는 자들과 같지 아니하고 이 세리와도 같지 아니함을 감사하나이다 12 나는 이레에 두 번씩 금식하고 또 소득의 십일조를 드리나이다 하고 13 세리는 멀리 서서 감히 눈을 들어 하늘을 쳐다보지도 못하고 다만 가슴을 치며 이르되 하나님이여 불쌍히 여기소서 나는 죄인이로소이다 하였느니라 14 내가 너희에게 이르노니 이에 저 바리새인이 아니고 이 사람이 의롭다 하심을 받고 그의 집으로 내려갔느니라 무릇 자기를 높이는 자는 낮아지고 자기를 낮추는 자는 높아지

리라 하시니라(눅 18:9-14)

여기서 강조되는 것은 기도응답의 원리와도 연관된다. 즉 기도응답은 율법의 규정들을 그대로 다 지킨다는 사실에 있는 것이 아니라 오히려 그런 규정들을 다 지키지 못했다 하더라도 자신의 죄인 됨을 통감하고, 하나님의 긍휼을 구하는 자의 기도에 응답하신다는 것이다. 이것은 하나님 앞에 나아가는 자들이 가져야 할 기도의 영적인 자세이다.

⑦ 시험에 들지 않게 깨어 있어 기도하라
돌아오사 제자들이 자는 것을 보시고 베드로에게 말씀하시되 시몬아 자느냐 네가 한 시간도 깨어 있을 수 없더냐 38 시험에 들지 않게 깨어 있어 기도하라 마음에는 원이로되 육신이 약하도다 하시고(막 14:37-38)

기도 후에 일어나 제자들에게 가서 슬픔으로 인하여 잠든 것을 보시고 이르시되 어찌하여 자느냐 시험에 들지 않게 일어나 기도하라 하시니라 (눅 22:45-46)

이러므로 너희는 장차 올 이 모든 일을 능히 피하고 인자 앞에 서도록 항상 기도하며 깨어 있으라 하시니라(눅 21:36)

깨어서 기도하지 않으면 시험에 들 수 있다는 것이고, 육신이 피

곤하다는 이유로 기도하지 않을 때에라도 오는 시험이 면제되는 것이 아님을 가르치심으로서 기도에 얼마나 경성해야 하는 것을 강조하여 말씀하신 것이다. 뿐만 아니라 말세에 있는 고난이나 세상의 쾌락과 마귀 유혹 앞에서도 깨어 기도하지 않으면 시험에 들 수 있다는 것을 암시하며, 특히 마음이 둔하여 질 것을 경계하셨다. 그만큼 기도는 우리의 신앙을 지켜주는 역할을 한다는 것이며, 때문에 기도에 경성하라는 것이다. 그리고 문맥으로 볼 때 유혹과 시험이 있다는 것은 마귀가 가까이 있다는 것을 암시한다. 그러므로 더욱 기도에 깨어 있어야 한다는 것이다.

4) 구약에 나타난 기도

구약에서 기도는 "여호와가 이스라엘의 하나님이시오, 이스라엘은 그분의 백성이며, 그분의 기르시는 양"이라는 여호와 하나님과의 언약관계에 근거한 신앙과 경험에 깊이 관련되어 있다. 구약에서 나오는 기도의 내용은 다음과 같다.

첫째, 감사와 찬양의 기도이다. 감사기도는 이스라엘 백성이 하나님의 위대하신 행위들로 인하여 드려졌다. 한나는 아들을 낳지 못하여 번민하며 마음의 괴로움을 하나님께 통곡하며 서원하고 기도했다. 하나님은 한나의 기도에 응답하셨다. 한나는 자비와 구원을 베푸신 여호와 하나님께 넘치는 기쁨과 신뢰를 표현하면서 감사기도를 드렸다.

한나가 기도하여 이르되 내 마음이 여호와로 말미암아 즐거워하며 내 뿔이 여호와로 말미암아 높아졌으며 내 입이 내 원수들을 향하여 크게 열렸으니 이는 내가 주의 구원으로 말미암아 기뻐함이니이다 여호와와 같이 거룩하신 이가 없으시니 이는 주 밖에 다른 이가 없고 우리 하나님 같은 반석도 없으심이니이다(삼상 2:1-2)

하나님은 이스라엘 백성의 울부짖음을 보시고 그들을 긍휼히 여기시고 구원하셨다. 출애굽의 은총을 받은 모세와 이스라엘 백성은 넘치는 기쁨과 감사의 마음으로 "하나님 안에서 이루어진 구원"을 노래로 표현하였다.

이 때에 모세와 이스라엘 자손이 이 노래로 여호와께 노래하니 일렀으되 내가 여호와를 찬송하리니 그는 높고 영화로우심이요 말과 그 탄 자를 바다에 던지셨음이로다 여호와는 나의 힘이요 노래시며 나의 구원이시로다 그는 나의 하나님이시니 내가 그를 찬송할 것이요 내 아버지의 하나님이시니 내가 그를 높이리로다(출 15:1-2)

이스라엘 백성은 하나님께 기도할 때마다 애굽으로부터 구원해 주신 하나님의 자비로우신 행위를 선포하고 회상하므로 그들의 기도를 시작하였다(신 9:25-29).

둘째, 참회기도이다. 이 기도는 죄에 대한 구원을 호소하는 내용의 기도이다. 사무엘 시대에 이스라엘 백성들의 신앙이 타락하였다(사 10:6). 그 결과 이스라엘은 하나님의 진노와 징벌 안에 있게 되므로 이방족속의 침입과 압제 속에서 민족의 생존이 위협받았다. 사무엘은 미스바에서 신앙각성과 회개기도를 시작하므로 이방인들의 침입과 압제로부터 벗어날 수 있었다(삼상 7:5-6).

다윗은 우리아의 아내 밧세바를 부정하게 자기 아내로 삼은 후 나단 선지자를 통하여 그의 죄를 지적받고, 자신의 죄를 솔직히 고백하였다(삼하 12:13).

다윗은 시편 51편에서 자신의 죄를 깨닫고 뉘우친 후 하나님의 용서를 구하였다. 다윗은 자신의 전존재가 주님의 성신으로 인하여 정결한 마음과 정직한 영으로 새롭게 되기를 간구하고, 통회하는 마음으로 자신을 하나님께 봉헌하였다. 이사야는 하나님을 뵙는 체험을 하였다(사 6:1-3).

천국보좌와 그 위에 앉으신 하나님을 뵙는 환상을 본 이사야는 "그 때에 내가 말하되 화로다 나여 망하게 되었도다 나는 입술이 부정한 사람이요 나는 입술이 부정한 백성 중에 거주하면서 만군의 여호와이신 왕을 뵈었음이로다 하였더라"(사 6:5)라고 말하면서 거룩하신 하나님의 영광 앞에서 자신이 불의를 지닌 존재임을 깨닫고 자복하는 기도를 했다.

이스라엘 백성은 참회기도를 통하여 죄악의 깊은 수렁에서 하나님의 용서를 갈망하였고, 마음과 영이 하나님의 은혜로 충만히 채워지기를 고대하였다.

셋째, 간구기도이다. 엘리야는 갈멜산에서 바알의 선지자 450인 과 아세라 선지자 400인과 "하나님이냐, 바알이냐"를 겨루게 되었 다. 바알 선지자는 아침부터 저녁소제까지 "바알이여 우리에게 응 답하소서"라고 기도했으나 응답이 없었다. 저녁소제 드릴 때에 이 르러 선지자 엘리야는 여호와께 기도하였다(왕상 18:36-37).

여호와의 불은 번제물과 나무와 돌과 흙을 태우고 도랑의 물도 핥아갔다. 이 사건을 통하여 여호와 하나님이 참 신 임이 증명되었 다. 아브라함의 종 엘리에셀의 기도(창 24:12-14), 출애굽한 이스라 엘 백성이 먹고 마실 것을 위한 기도(시 107:4-6), 기드온의 기도(사 6:36-37), 엘리사가 수넴여인을 위한 기도(왕하 5:17-37), 히스기야 가 병들어 죽게 되었을 때 생명연장을 위한 기도(왕하 20:6) 등은 하나님의 자비와 인도하심에 대한 간구기도이다. 이스라엘은 간구 기도를 통하여 적들로부터 억압, 재앙과 어려움 가운데서 구원받았 으며 하나님의 사랑을 회복하였다.

넷째, 중보기도이다. 아브라함은 소돔과 고모라를 멸하려는 하나 님 앞에서 "주께서 의인을 악인과 함께 멸하시려나이까 그 성중에 의인 오십이 있을지라도 주께서 그곳을 멸하시고 그 오십 의인을 위하여 용서치 아니하시리이까"(창 18:23-24)라고 간구했다. 아브 라함의 중보기도는 이웃과 사회의 문제를 하나님께 털어놓고 그들 에게 하나님의 은혜와 자비가 임하시기를 바라는 것이었다.

모세는 십계명을 받은 후 하나님을 배반하여 우상숭배를 행한 자신의 동족을 위하여 중보기도를 했다. 모세는 이스라엘 백성을 살리기 위하여 상한 심령을 갖고, 자신을 버리는 중보기도를 하였다(출 32:11-14). 다니엘은 이스라엘 민족에 대한 하나님의 심판과 회복의 섭리를 깨닫고, 민족의 구원을 위하여 민족을 대신하여 회개하고 하나님의 자비를 구하는 중보기도를 하였다(단 9:3-5).

구약을 통하여 볼 때 기도는 다양한 내용과 형식을 지녔다. 기도는 하나님이 행하신 위대한 일에 대한 감사, 하나님의 인도하심과 환난 중에 구원을 요청하는 간구, 죄 용서를 구하는 참회, 이웃과 민족을 위한 중보를 드리는 것을 나타내고 있다.

5) 신약에 나타난 기도

① 예수님의 기도

사복음서는 기도에 대한 예수 그리스도의 가르침을 보여준다. 예수 그리스도는 자신의 사역을 기도를 통하여 이루시는 것을 보여주신다. 예수님께서는 열두 제자를 임명하기 위하여 기도하셨고(막 6:32), 겟세마네 동산에서 기도하셨으며(막 14:36, 39), 십자가 위에서도 기도하셨다. 예수님께서는 중요한 결정을 내리는 순간이나 위태로운 순간에 기도하셨다.

예수 그리스도는 우리에게 기도의 대상을 구체화 시키셨다. 예수님의 주기도문에서 하나님과 우리와의 관계를 "하늘에 계신 우리 아버지"라는 부름을 통하여 아버지와 아들의 관계로 나타내고 있다. 이것은 구약에서 기도의 관계는 하나님과 백성간의 계약관계에서 이루어졌으나 신약에서 기도의 관계는 아버지와 아들의 관계로 이루어지는 것을 나타낸다. 아버지와 자녀의 관계는 우리가 예수 그리스도 안에서 그분과 연합되어 하나님과의 관계를 맺을 때 일어난다. 이 관계는 기도응답에 대하여 새로운 관점을 제시한다.

구약에서는 백성들의 경건에 따라 하나님이 응답하셨으나 신약에서는 그리스도의 은혜 안에서 아버지의 사랑과 자비에 근거하고 있음을 보여준다. 또 우리의 기도대상이 "아버지"로 표현되고 있는 것은 하나님이 우리를 낳으시고, 말씀으로 양육하시고, 우리의 힘과 소망이 되시는 분임을 구체적으로 나타내고 있다.

예수님께서는 "너는 기도할 때에 네 골방에 들어가 문을 닫고 은밀한 중에 계신 네 아버지께 기도하라"(마 6:6)고 말씀하셨다. 이 말씀은 기도가 하나님과 인간의 직접적인 은밀한 대화라는 사실을 보여주고 있다. 그리고 그 기도는 결코 남에게 보이기 위한 행위이거나 형식적으로 하는 행위가 아니라는 뜻을 내포하고 있다.

예수 그리스도는 십자가의 고통 앞에서 "이르시되 아버지여 만일 아버지의 뜻이거든 이 잔을 내게서 옮기시옵소서 그러나 내 원대로 마시옵고 아버지의 원대로 되기를 원하나이다 하시니"(눅 22:42)라고 기도하셨다. 예수 그리스도는 죽음 앞에서도 오직 하나님의 뜻이 이루어지기만을 기도하셨다.

또 그리스도의 기도는 하나님의 나라와 의를 구하는 것이며, 성령님을 구하는 것이다. 그리스도의 기도는 인간의 모든 욕망을 버리고 하나님의 뜻만이 실현되기를 구하는 참된 기도자의 모습을 나타내고 있다.

예수 그리스도는 주기도문을 통하여 우리에게 기도를 가르치고 있다. 주기도문은 하나님께 존귀와 영광을 돌리는 기원과(마 6:9-10), 우리의 육체적, 영적 평안과 구원에 관련된 청원으로 이루어졌다(마 6:11-13).

이 기도는 우리가 예수 그리스도 안에서 하나님께 영광과 존귀를 드리고 하나님의 뜻이 우리 안에 이루어지기를 간구하며, 하나님의 뜻을 따르는 데 필요한 영적, 육체적, 물질적인 것을 하나님께 구하여야 하는 것을 나타내고 있다. 또 하나님은 이 기도에 응답하실 것을 보여 주고 있다.

예수님의 기도의 모본에서 나타나는 몇 가지 패턴들을 정리해 보면 다음과 같다.

첫째는 메시야로서의 공생애 사역을 기도로 시작하셨다는 것이다. 예수님께서 세례를 받으실 때에 하늘에서 아버지의 음성과 성령이 비둘기 같이 임하면서 진행되는 메시야의 공적인 임직식에서 예수님은 기도하고 계셨다는 것이다.

이것은 오늘날 교회의 중요한 임직식에서 기도의 중요성을 일깨우는 중요한 모본이 될 것이다.

둘째는 예수님께서는 사역 사이사이에 기도에 힘쓰셨다는 점이다. 어떤 때에는 사역을 하시기 전에, 어떤 때에는 사역 직후에 기도하셨고, 또 어떤 때에는 새벽에 기도하셔서 하루의 사역을 기도로 준비하시는 것을 볼 수 있다.

사도들이 "기도하는 것과 말씀 전하는 것을 전무하리라"(행 6:4)고 했는데, 이러한 모습은 예수님에게 이미 나타나 있었다. 오늘날 도시 목회에서 기도하는 것과 말씀 전하는 것의 외적인 일로 바쁘게 돌아가는 목회현실을 생각할 때 신중히 고려해야 할 사안이 아닌가 생각한다.

셋째는 예수님께서는 미래에 대한 상당한 통찰력을 가지고 미리 기도로 대비하셨다는 점이다. 물론 예수님은 신적인 통찰력을 발휘할 수 있으셨을 것이다.

그러나 그것 보다는 한 인간으로서 말씀상고와 기도에 힘쓰는 삶을 통해 바로 앞에 있을 일을 예상하여 기도로 준비하셨다는 것이다(눅 9:18; 9:28-29; 22:31-32). 요컨대 만사를 기도로 준비해야 하는 가르침을 주셨다는 점이다.

넷째는 예수님께서 중보기도에 힘쓰셨다는 점이다. 예수님은 사단이 제자들을 밀 까부르듯 시험에 빠뜨리겠다는 청구를 아시고 그들의 신앙이 떨어지지 않기를 위해서 기도하셨다. 뿐만 아니라 요한복음 17장에 있는 긴 중보기도는 자신을 위한 기도에서 제자들과 전 신자들을 위한 기도로 확대된다. 이러한 중보기도는 지금도 천상에서 지속된다. 이것은 교회와 특정한 신자들을 위한 중보기도에 중요한 전형이 된다.

다섯째는 기도를 힘쓰시며 기도를 가르치셨다는 것이다. 예수님은 제자들에게 설교론을 가르치신 적이 없고, 치유방법을 가르치신 적도 없다. 그런데 제자들에게 기도는 가르쳐 주셨다. 그리고 기도의 삶을 철저히 사시면서 기도를 가르치셨다. 오늘날도 교회는 성도에게 기도를 가르쳐야 한다. 이론적으로 뿐만이 아니라 기도의 삶을 살면서 기도를 가르쳐야 할 것이다.

여섯째로는 제자들의 전도 사역의 보고를 받으시면서 기도하셨다는 점이다. 70인의 전도팀들이 돌아와서 사역의 보고를 할 때 예수님은 성령님으로 기뻐하시면서 하나님께 감사의 기도를 드리셨다. "천지의 주재이신 아버지여 이것을 지혜롭고 슬기 있는 자들에게는 숨기시고 어린아이들에게는 나타내심을 감사하나이다 옳소이다 이렇게 된 것이 아버지의 뜻이니이다 내 아버지께서 모든 것을 내게 주셨으니 아버지 외에는 아들이 누군지 아는 자가 없고 아들과 또 아들의 소원대로 계시를 받는 자 외에는 아버지가 누군지 아는 자가 없나이다" (눅 10:21-22).

일곱째로는 가장 중요한 구속사역을 앞에 두고, 혹은 가장 고통스런 상황에 빠질 때에 혹은 열두 제자를 결정하는 일을 앞두고 기도에 힘썼다는 것이다. 일반적으로 너무 중요하고, 너무 고통스런 일이 생길 때 오히려 기도하지 못하는 경향이 있다. 그러나 그렇지 않은 때에도 그런 때에도 언제나 기도에 힘쓰셨던 예수님의 삶을 본다.

② 사도행전에서의 기도

사도행전은 사도들과 사도들이 세운 교회가 어떻게 기도에 대한 우리 주님의 가르침을 잘 실행하는가를 생생하게 보여주고 있다. 교회는 기도하는 가운데 태어났다.

사도행전 1장 14절에 "여자들과 예수의 모친 마리아와 예수의 아우들로 더불어 마음을 같이하여 전혀 기도에 힘쓰니라"고 말하고 있다. 그들의 기도의 목적은 그리스도께서 약속하신 성령님을 보내주시기를 간절히 신뢰를 가지고 한마음이 되어 기도했다. 예수님의 제자들이 사도의 직무를 대신할 맛디아를 뽑을 때도 마음의 성실은 하나님만 아시므로 하나님께서 주장하여 주시기를 기도하고 제비를 뽑았다(행 1:24).

기도에 대한 응답으로 성령님이 초대교회에 부어졌고 교회는 사도의 가르침을 받아 서로 교제하며 떡을 떼며 기도하기를 전혀 힘쓰므로 교회의 질서가 잘 갖추어진 그리스도의 참된 교회 모습을 보여주고 있다(행 2:42). 오늘날 우리의 교회가 하나님 앞에 인정받는 교회가 되기 위해서는 말씀과 교제와 성찬과 기도에 힘쓰는 교회가 되어야 할 것을 말하고 있다.

사도들이 백성들에게 예수님의 부활하심을 전파하니 제사장들과 장로들은 사도들을 붙잡아 이튿날까지 가두었다. 이렇게 위기가 닥쳐 올 때마다 교회는 기도에 전력하였다.

베드로가 감옥에 갇혀 있는 동안 내내 교회는 낙심하지 않고 기도에 전력하므로 지원을 아끼지 않았다(행 4:3, 24-31, 12:5-12). 사도들이 놓여나와서 성도들을 만났을 때 사도들은 그들이 겪은 바를 성도들과 동료들에게 다 설명해 주었다.

"사도들이 놓이매 그 동료에게 가서 제사장들과 장로들의 말을 다 알리니"(행 4:23)

이 사실로 인하여 교회는 창조주 하나님께 감사와 찬양의 기도를 드렸다. 또 그들은 하나님께 찬송과 기도를 드림으로 교회가 다 하나로 연합 수 있게 되었다.

기도의 응답은 즉시 이루어졌다. "빌기를 다하매 모인 곳이 진동하더니 무리가 다 성령이 충만하여 담대히 하나님의 말씀을 전하니라"(행 4:31) 담대히 하나님의 말씀을 전하게 해 달라는 기도의 응답으로 성령이 충만하여 담대히 말씀을 전하게 되었다.

"천부께서 구하는 자에게 성령을 주시지 않겠느냐"(눅 11:31)라고 하신 말씀의 성취를 보게 되는데 그것은 기도의 응답으로 무리가 다 성령님으로 충만하게 되었기 때문이다.

사도행전 6장 4절에서는 사도들이 구제하는 일을 집사를 뽑아 맡기기로 하고 "우리는 기도하는 것과 말씀 전하는 것을 전무하리라"

고 하였다. 사도들은 말씀 전하는 일의 열매를 위하여 기도하는 일에 열심과 노력으로 매진해야 할 것을 말하고 있다.

일곱 집사를 세워 사도들 앞에 세우니 사도들이 기도하고 그들에게 안수하였다(행 6:6). 안수하는 일은 집사들에게 그들이 하나님께 바쳐졌다는 것을 알려주는 의식이고 그와 동시에 기도가 드려짐으로써 그들을 하나님께 위임한 것이다. 위와 같이 사도들과 교회 지도자들은 한결같이 기도의 사람들이었다.

사도행전 9장에서 다비다가 죽었을 때 베드로가 하나님께 기도함으로 다비다는 살아났다(행 9:40-43). 사도행전 4:24-30에서 사도들과 교회가 드린 기도의 응답으로 표적과 기사가 예수 그리스도의 이름으로 나타난 것이다.

사도행전 3장에 베드로와 요한이 성전에 기도하여 올라갈 때가 제 구시였고(행 3:1), 10장에서 베드로가 기도하려고 지붕에 올라가니 시간이 제 육시였다(행 10:9). 사도들은 기도시간을 정기적으로 지속적으로 가진 것을 알 수 있다.

이탈리아 군대의 백부장 고넬료는 "1가이사랴에 고넬료라 하는 사람이 있으니 이달리야 부대라 하는 군대의 백부장이라 2그가 경건하여 온 집안과 더불어 하나님을 경외하며 백성을 많이 구제하고 하나님께 항상 기도하더니"(행 10:1-2) 하나님 앞에 그의 기도가 상달되어 기억하신 바가 되었다. 제 구시는 유대인들의 낮기도 시간인 것으로 보아서 기도 중에 천사의 환상을 보게 되고 베드로를 초청하라는 천사의 음성을 듣게 되었다.

고넬료의 기도는 예수 그리스도의 이름으로 드린 기도는 아니지만 믿음으로 드린 기도였기 때문에 하나님께 상달되었고 하나님의 기억하신 바가 되어 예수 그리스도의 복음을 베드로를 통하여 듣게 되었다. '하나님께 항상 기도하더니'의 결과로 베드로를 통하여 고넬료 자신 뿐 아니라 가족과 일가와 가까운 친구들까지 모두 복음을 듣게 되었고 구원을 얻고 세례를 받고 성령님을 받게 되었다(행 10:1-48).

다메섹 도상에서 주님을 만난 바울은 그 시로 기도의 사람이 되었음을 알 수 있다(행 9:11). 바울과 실라가 안디옥 교회에서 선교사로 파송을 받을 때 교회는 금식하며 기도하고 안수하여 보냈다(행 13:1-3). 안디옥 교회는 사명을 충실히 감당했다.

"그들이 주를 섬겨 금식할 때에"(행 13:2). 그리스도인들을 가르치는 자들은 그리스도를 섬긴다. 경건한 금식은 주님을 섬김에 있어서 유용한 것이다. 비록 그리스도의 제자들이 신랑 되시는 주님과 함께 있던 동안에는 많이 금식하지는 않았지만, 주님께서 승천하신 이후로는 많은 금식을 행하였다.

성령님께서 바울과 바나바를 따로 세워 이방으로 가도록 명령하신다. 그리스도는 그의 성령님을 통해 자신의 사역자들을 임명하시며, 그들은 그리스도의 일을 감당해야 하며, 성령의 인도를 받아야 한다. 특별한 사명을 위하여 시므온과 루기오와 마나엔이 금식하며 기도하고 바울과 바나바 두 사람에게 안수하였다. 하나님이 그들과 함께 하셔서 그들이 성공적으로 사명을 완수하게 해 주실 것을 간구하였을 것이다.

사도행전 14장 23절에서 "각 교회에서 장로들을 택하여 금식 기도하며 그 믿은 바 주께 부탁하고" 바울과 바나바는 장로들을 택하여 세우고 금식 기도로써 저희를 그 믿은바 주께 부탁하였다.

사람들이 믿음을 가지게 되었을 때라도 그들에 대한 사역자들의 관심이 중단되어서는 안 된다. 그들의 신앙에서 결핍된 것을 완전케 할 필요가 있다. 그래야 그들도 기도를 통해서 자신들을 주님께 의탁하게 된다. 그들과 작별할 때의 가장 훌륭한 인사는 그들을 주님께 부탁하고 그들이 주님과 함께 거하도록 당부하는 것이다.

안디옥을 출발한 그들은 비시디아를 경유하여 밤빌리아 지방에 도착했다. 그 지방의 중심지는 그들이 전에 한 번 방문한 적이 있는 버가였다(행 13:13).

그들은 그곳에서 출발하여 밤빌리아의 한 성읍인 앗달리아로 내려갔다. 그들은 한 장소에 오랫동안 머물지 않았으나 가는 곳마다 후에 설립될 교회의 기초를 놓기 위해 열정을 쏟았다.

사도행전 16장 9절에서는 바울이 밤에 마게도냐 사람 하나가 서서 마게도냐로 건너와서 우리를 도우라는 환상을 보고 급히 마게도냐로 떠나기를 힘썼다.

바울과 그 일행들은 환상에서처럼 마게도냐 온 성 사람들이 열렬하게 환영하며 도움을 청할 것으로 생각하고 급히 바다를 건너왔지만 전도할 수 있는 기회의 문은 닫혀 있었다. 주님은 그처럼 비참하고 무력한 형편 속에서 자기의 일을 추진하고 계신다. 그들은 수일을 유하다가 안식일에 기도처가 있는가하여 성문 밖으로 나가 강가에 이른 것이다.

그들은 그곳에서 여인들의 작은 집회처를 발견했고, 설교할 기회를 얻게 되었다(행 16:13). 그곳은 도시의 외곽 지역이었고 기도를 드릴 수 있는 조용한 장소였다. 참되신 하나님을 경배하는 사람들이 함께 기도하기 위해서 안식일에 함께 그곳에 모였고 그들은 엄숙한 예배의 모임을 가졌다. 그들은 그곳에 모인 여인들에게 말씀을 전파하였고 그들에게 그리스도에 대한 지식을 가르쳤다.

그녀는 사도들의 말을 경청하였다. 구원의 역사는 성령님께서 역사하심으로 이루어지는 것이다. 사도바울은 안식일에 기도처를 찾다가 루디아를 만났던 것이다.

바울과 그의 동료들이 기도하러 가던 도중에 점으로 자기 주인들에게 많은 이익을 주는 귀신들린 여종을 길에서 만났다(행 16:16). 우리가 어떤 경건의 훈련을 쌓으려 할 때, 사단은 우리를 혼란시킬 기회를 포착하려고 하며 또한 우리가 안정되기를 원할 때, 사단은 우리를 격분시킬 기회를 포착하려고 교활한 꾀를 부린다. 바울과 그의 일행들은 그녀를 만났을 때, 그녀는 그들을 따르며 "이 사람들은 지극히 높은 하나님의 종으로 구원의 길을 너희에게 전하는 자라"(행 16:17)고 외쳤다. 이 증언은 진실이었다. 악령에 사로잡힌 그녀에게 이러한 고백이 강요된 것은 하나님의 능력에 의한 것으로 복음을 영화롭게 하기 위해서였다고 볼 수 있다. 진리는 때로 진리의 적대자들의 고백에 의해서 확대되기도 한다.

또한 이것은 반대로 복음을 손상시키기 위하여 악령에 의해 고안된 것으로 간주될 수 있다. 그녀는 '여러 날을' 계속해서 이 같은 소란을 피웠다(행 16:18). 그녀의 말이 복음에 침해를 주고 있음을 깨달았기 때문에 바울은 괴로워했다. 신을 모독하는 사람에게서 신성한 진리를 듣는다는 것은 그에게 괴로움이었던 것이다.

바울은 악령이 그녀에게서 나올 것을 명령했다. "돌이켜 그 귀신에게 예수 그리스도의 이름으로 내가 네게 명하노니 그에게서 나오라"고 명령하였다. 이로써 바울은 그들이 살아 계신 하나님의 종임을 보여주었다. 그 귀신은 즉시 그녀에게서 나오게 되고 바울은 그녀를 사로잡고 있는 악마를 추방시킴으로써 그녀를 잠잠케 했다.

그 여종의 주인들을 격분시킨 것은 그 여종을 통한 자기들의 이익이 끊어졌기 때문이었다(행 16:19). 그들은 사도들을 관원들 앞으로 끌고 가서 기소하였다. 관원들은 사도들을 가장 악한 죄인으로 취급했고, 채찍질하기 위해서 사도들의 옷을 찢었다.

이것은 바울이 로마의 관례에 의해 채찍을 맞은 세 차례 사건 중

하나였다. 바울의 일행은 채찍질을 당했으므로 분명히 석방되었어야 했다. 그러나 사도들은 감옥에 투옥되었다. 간수는 사도들을 깊은 감옥에 가두었고 발을 착고에 든든히 채웠다.

그러나 그들은 한밤중에 기도하고 하나님을 찬양하였다. 그들은 자신들의 투옥과 채찍질이 복음 전파의 계기가 될 것을, 박해자들을 하나님께서 용서해 주실 것과 그들의 회개를 위해 하나님께 함께 기도했을 것이다. 어떠한 고통과 슬픔, 절망적인 상황도 그들의 기도를 막을 수는 없었다. 그들은 하나님을 찬미했다. 그 어떤 것이 하나님의 자녀의 찬양을 제거할 수 있겠는가? 그들 주위의 죄수들이 그것을 들었다. 그 때 갑자기 커다란 지진이 발생하였고 감옥 문은 열려졌고 죄수들의 착고가 풀어졌다.

"모든 사람의 매인 것이 다 벗어진지라"(행 16:26).

박해자들은 복음전파를 중단시키려고 계획했지만 우리는 감옥 속에서의 개종 사건, 즉 복음의 승리가 그곳에서 일어나 간수가 그리스도의 종이 되었고 하나님의 은혜로 간수의 온 집은 구원을 얻은 것을 보게 된다(행 16:13-25).

사도행전 20장 36~38절에서 우리는 에베소 장로들에게 행한 바울의 고별 설교 후에 작별의 기도와 석별의 눈물을 보게 된다. "이 말을 한 후 무릎을 꿇고 저희 모든 사람과 함께 기도하니" 바울은 그들을 위해 기도했을 뿐만 아니라 저희 모든 사람과 함께 기도드렸다. 그 기도회는 무릎을 꿇고 드림으로 겸허하고 경건하였다.

바울은 에베소의 장로들에게 그 교회를 돌볼 것을 당부한 후에 이러한 중책을 위임받은 그들이 충성스럽게 맡은 바 임무를 수행할 수 있도록 하나님께 기도드렸다. 그는 양떼를 위하여 양떼를 지키는 위대한 목자이신 그리스도께서 모든 사람들을 돌보아 주실 것과 그들이 흉악한 이리의 먹이가 되는 것으로부터 보호해 주실 것을 간구하였을 것이다. 바울과 에베소 교회의 장로들은 눈물과 사랑이 넘치는 격정적인 포옹으로 작별을 고했다(행 20:37-38).

바울과 장로들이 작별할 때 서로 한 마음으로 기도로써 작별의 정을 나누었듯이, 이 작별은 바울과 에베소 교인들 모두에게 있어서 하나의 위로가 되었다. 왜냐하면 그리스도께서 떠나는 바울과 머물러 있는 그들 모두에게 임재하셨기 때문이었다.

사도행전 21장 5절에서는 바울이 두로에 머물렀다가 나와 사도바울을 전송하였고 작별하기 전에 바닷가에서 무릎을 꿇어 기도하고 작별하는 고귀한 사랑의 장면, 아름다운 기도의 장면을 볼 수가 있다. 에베소의 장로들이 그랬던 것처럼 두로에 있는 제자들도 바울에게 대단한 경의를 표하였다. 비록 그들이 바울을 알게 된 것은 불과 일주일밖에 안 되었지만 그들은 아내와 자녀들을 동반하여 바울을 정중하게 전송하였다.

훌륭한 사람과 목회자들에게 경의를 표하는 가운데 자녀들을 교육하는 것이 바람직하다. 그리스도가 어린아이들의 찬양을 받아들였듯이, 한 사도를 존경했던 두로의 제자들의 자녀들은 축복을 받앉음이 분명하다. 우리는 주어진 기회를 선용하고 최대한 활용함으로써 우리의 영혼에 유익을 가져다 줄 수 있어야 한다. 그들의 바울의 전송을 따라간 것은 그의 일행과 잠시라도 더 오랫동안 동행하고 그들의 기도를 받기 위해서였다.

"우리가 바닷가에서 무릎을 꿇어 기도하고"(행 21:5).

바울은 기도하는 시간에 많은 시간을 투자한 반면, 기도의 능력도 받았다. 그들은 바닷가에서 무릎을 꿇었다.

"서로 작별한 후 우리는 배에 오르고 저희는 집으로 돌아가니라". 바울은 집으로 돌아가는 사람들을 축복하면서 떠났고 그곳에 남아 있는 자들은 바다로 떠나는 바울과 일행을 위해 기도했다(행 21:6). 바울과 그 일행들과 초대교회들이 매우 위험한 환경에서도 더욱 열심히 기도하던 습관을 주목해야 할 것이다.

③ 사도 바울의 기도

바울은 기도에 관한 바른 지식을 우리에게 보여주고 있다. 바울의 기도는 "그리스도 안에서" 이루시는 하나님의 힘에 근거를 둠, 하나님이 마련하시는 풍성함과 성실함에 근거한다(빌 4:9, 고후 9:8-10, 고전 1:9). 바울은 성령님이 기도를 유발시키는 동력이라고 한다. 성령님은 하나님의 마음을 알기 때문에 인간을 위하여 중재하고 하나님의 뜻대로 간구하게 기도를 가르치신다. 성령님은 우리에게 하나님의 성품을 알게 하여 우리가 하나님의 성품에 따라 구할 수 있도록 하신다. 그래서 우리는 성령님께 의지하여 하나님의 위로, 평강, 은혜, 소망, 승리를 받을 수 있다. 바울의 기도의 목적은 하나님의 은혜 가운데 성도의 신앙 성장과 성화이다. 그는 기도를 통하여 하나님과 그리스도의 영광을 구했고(롬 15:6), 성도들의 위로와 소망과 인내를 구했다(고전 1:8, 고후 1:4). 그는 성도들의 생활이 그리스도께 합당한 생활이 되고 평강 가운데 거하길 구했다. 바울의 기도 방법은 어떤 환경 속에서나 부활하신 그리스도께 소망을 둔 마음을 갖고 기쁨과 감사로 항상 기도할 것을 가르쳤다.

아더 핑크(Arthur W. Pink)는 그의 책 <바울의 기도 연구>에서 사도들의 기도의 간결성을 다음과 같이 말한다.

사도들의 기도에는 하나님의 섭리의 길을 변경시켜 달라는 요구는 하나도 없다. 오히려 그들이 요청한 것들은 전적으로 신령한 것이고 은혜로운 성질에 속한 것이다. 그들은 하나님께서 우리에게 하나님 자신을 아는 데 필요한 계시와 지혜의 정신을 주시고, 우리 마음을 밝혀서 우리로 하여금 그의 부르심의 소망이 무엇이고 성도 안에 있는 그의 기업의 풍성이 무엇이며 우리를 향한 그의 능력의 지극히 크심이 어떠한 것을 알려 달라고 기도하였다(엡 1:17-19).

그리고 우리로 하여금 그의 영광의 풍성을 따라서 성령으로 말미암아 우리 속사람을 강건케 하시고, 그리스도께서 믿음으로 우리 마음에 계셔서 지식에 넘치는 그리스도의 사랑을 알아 그 넓이와 길이와 높이와 깊이가 어떠함을 깨달아 하나님의 모든 충만하신 것으로 우리에게 충만케 하시기를 구하였던 것이다(엡 3:16-19).

그리고 우리가 주께 합당히 행하여 범사에 기쁘시게 하고(골 1:10), 우리가 온전히 거룩해지기를 위하여 기도하였던 것이다(살전 5:23).

사도행전은 기도를 통하여 성령이 임재하며, 교회 안에서 기도를 통하여 하나님의 일을 행하고 있음을 보여주고 있다. 목회서신은 간구, 기도, 중재, 감사 등의 여러 가지 기도와 지배자를 위한 기도의 임무를 언급하고 있다. 야고보서는 기도를 통한 환자치유와 기도에 있어서 믿음의 필수성을 나타내고 있다. 그리고 이기적 목적을 추구하는 기도는 응답 받지 못함을 알려 주고 있다.

히브리서는 예수님은 우리의 요구를 중보할 수 있는 유일한 대제사장이신 것을 나타내고 있다. 그러므로 기도는 그리스도 안에서 그리고 그리스도를 통하여 하나님께 접근하는 것이다(히 4:16, 10:1). 그래서 우리는 복음의 확신과 진정한 마음으로 예수 그리스도를 통하여 하나님의 존전에 접근한다.

신약에 나타난 기도를 정리하여 본다면 하나님은 우리 아버지이시오, 우리는 하나님의 자녀라는 관계 속에서 이루어지는 영적 교제이다. 이 기도는 예수 그리스도의 은총과 중보에 근거한 기도이며 성령님의 인도를 따르는 기도이다. 기도내용은 하나님의 나라와 의를 구하고 하나님의 뜻을 따르기 위한 필요한 모든 것을 구하는 것이다. 기도의 응답은 예수 그리스도를 통한 하나님의 자비에 근거하여 이루어진다.

　기도는 하나님과 인간 사이에 상호관계 속에서 이루어진다. 우리는 기도를 통하여 하나님께 찬양과 감사, 간구, 죄용서, 중보 등을 드릴 수 있다. 여기에서 우리가 기도를 드릴 수 있는 이유는 오직 예수 그리스도의 십자가의 죽음과 부활의 은총에 근거한다. 그리고 이 기도는 성령님의 도우심을 따라서 드려져야 한다. 성경이 말하는 기도의 최종적인 목적은 하나님의 나라와 의를 구하는 것이다.

2. 한국교회의 잘못된 기도의 모습은 무엇인가?

1) 열광적인 기도

한국교회는 지나치게 열광적인 측면에서만 기도를 실천하고 있다. 기도는 열광적인 말의 잔치가 아니라 진실한 삶의 고백이어야 한다. 그런데 한국교회는 기도를 잘하는 사람은 자기도취적인 감정 표현을 황홀하게 표현하는 사람으로 오해하고 있다. 이러한 한국교회의 기도는 기도의 의미와 목적을 성경적으로 학습 받지 않고 스스로의 욕구에 따라서 습관화된 자연발생적인 기도로서, 자신에게 결핍되어 있는 것이나 필요한 것을 충족시키려는 욕망이 앞선다.

그러나 이런 유형의 기도에 있어서 부족한 면이 없는 것은 아니지만 우선 이런 열광적으로 부르짖는 기도는 원형적인 유형중 원시인의 소박한 기도에 해당되는 부분이다. 생활 속에서의 부족함과 어려움과 고통으로 인한 기도의 열정은 기도가 참된 기도가 되게 하는 원동력이 된다. 이렇게 형식과 틀에 매이지 아니하고 인간의 근본적인 몸부림으로 시작되는 것이 기도이다.

성경에서는 이러한 기도는 탄원적인 기도에서 찾아 볼 수 있다. 탄원적인 기도는 현실적으로 견디기 어려운 고통과 재난에 직면한 개인이나 공동체가 하나님의 구원을 바라면서 드리는 기도를 뜻한다.

애굽 땅에서 강제 노역에 시달리던 이스라엘 자손이 그 고통을 견디지 못하여 하나님께 신음하며 부르짖는 것도 이 범주에 속한다(출 2:23-24, 3:7-9).

모세가 하나님께 드리는 기도 중에도 탄원과 항변의 기도가 있다. 모세는 출애굽의 사명을 받고서 바로에게 가서 이스라엘 자손을 내보내 줄 것을 요청하지만 냉혹하게 거절당한다. 바로의 강퍅함에 마음의 상처를 입고 또 강제 노역의 짐이 한층 무거워진 것에 불평하는 백성들의 모습을 보고서, 모세는 항변하는 투로 하나님께 기도를 드린다(출 5:22-3).

모세는 또한 광야에서 만나만 먹는 것에 이력이 난 이스라엘 자손이 고기를 먹게 해달라고 불평하며 원망하자, 하나님께 왜 자기에게 그처럼 무거운 짐을 지게 하시는지 모르겠다고 말하면서 차라리 자기를 죽여 달라고 애원한다(민 11:11-15).

이와 비슷한 탄원과 항변의 기도는 엘리야에게서도 발견된다. 갈멜산 대결에서 승리를 거둔 후에 바알 선지자들을 진멸한 엘리야는 상황이 호전되기는커녕 이세벨이 더욱 기세등등하여 자기 생명을 취하려 하자, 광야로 나가서 하나님께 하소연하면서 이세벨이 자신을 죽이기 전에 차라리 하나님께 먼저 자기 생명을 가져가 달라고 기도한다(왕상 19:4, 10, 14).

예레미야 역시 하나님의 심판을 선포하면서 바벨론에 항복해야 한다는 메시지를 전한 것으로 인하여 여러 차례 생명의 위협을 당하게 되자, 그 고통을 견디지 못하여 탄식하면서 자신의 억울함을 하나님께 호소한다(렘 15:10, 15-18, 17:12-18, 18:19-23). 그는 자신의 출생 자체를 저주할 정도로 탄식한 적도 있었다(렘 20:14-18).

이 점은 욥의 경우도 예외가 아니다. 동방의 의인으로 알려진 욥은 불시에 가족과 재산을 잃는 재난을 당하게 되고, 그 고통을 견디지 못한 나머지 자신의 생일을 저주함과 동시에 자신의 비참한 신세에 대한 푸념을 늘어놓음으로써 친구들과 논쟁을 시작한다(욥 3장). 그는 하나님께서 왜 자기를 멸하기를 기뻐하시며(욥 6:9) 왜 자기를 주의 대적으로 삼으시는지(13:24)를 알 수 없다고 말하면서, 하나님께서 자기를 정죄하지 마시고 무슨 연고로 자기와 더불어 쟁변하시는지를 알게 해 달라고 탄원한다(10:2-22).

이렇게 열정적으로 부르짖으며 탄원하여 기도하는 모습은 인간이 종교를 가지고 있으면서 가지게 되는 근원적인 것이라고 이해할 수 있다. 왜냐하면 기도의 본질 즉 내적 구조에 의하면 인간이 기도하는 이유가 현실적인 삶 속에서 부딪치는 어려움 때문에 생겨나는 심리적인 불안감을 해소하기 위해서 기도하기 때문이다.

그러나 이런 열정적으로 부르짖는 기도가 한쪽으로 치우쳐 부족한 면을 보이면서 비판의 대상이 되는 이유는 일방적으로 기도 후에 그 열기가 무서울 정도로 빨리 식으면서 하나님과 기도자와의 살아있는 관계, 즉 직접적인 접촉, 상호교통, 쌍방향 대화, 영적인 연합, 친교와 교제를 찾아볼 수 없기 때문이다.

기독교적인 관점에서 열광적이고 부르짖는 기도가 기도의 시작일 수 있지만 점차 듣는 기도, 기다리는 기도 등의 인격적인 기도로 생활 가운데서 보충되어져야 할 부분이다.

기도는 사람이 얼마나 난리 법석을 떨고 꾸미느냐에 의하여 좌우되는 것이 아니라 기도자가 주님의 뜻, 그분의 음성에 얼마나 민감한가에 달려 있다. 기도의 차원을 넘어서 하나님의 뜻에 자신의 의도를 비추어보고 하나님의 나라와 그의 의의 실현이 기도의 궁극적인 목표가 되게 하는 것이 더 중요하다.

기도는 계속해서 우리의 필요와 간구가 하나님께 알려지기 위하여 노력하는 것과 동시에 하나님을 기다리는 것을 수반한다. 기도의 시작 전과 끝난 후에 기다림이 있는 것과 기도 가운데도 기다림이 있어야 한다.

"사람이 하나님께 간구한 후에 그는 하나님이 그의 은혜 가운데서 그를 찾아오시고, 예수 그리스도 안에서 주셨던 은혜를 그에게 주시겠다는 것을 그의 영혼 안에서 들을 것이다".

키에르케고르(Kierkegaard)는 "기도에서 참된 관계는 하나님이 그에게 기도하는 것을 들을 때가 아니고, 기도하는 사람이 하나님이 원하시는 것을 듣는 사람이 되기까지 계속적으로 기도할 때에 이루어진다"고 했다.

그리고 마틴 루터(Martin Luther)는 "나는 그것을 알지도 못하고 이해할 수도 없다. 그러나 위로부터 소리가 나고 귀에 울려서 나는 인간의 생각 저편에 있는 것을 듣는다"고 잘 표현하고 있다.

기도는 우리의 영혼 깊숙한 곳에서 말씀하시는 하나님의 음성에 대한 반응에서부터 시작된다. 하나님과의 진지한 대화가 이루어지기 위해서는 그 전에 우리는 조용히 기대하면서 하나님을 기다리는 시간을 가져야 한다.

시편 기자는 "여호와 앞에 잠잠하고 참아 기다리라"(시 37:7) 그리고 "나의 영혼이 잠잠히 하나님만 바람이여"라고 말한다. 본훼퍼(Bonhoeffer)는 "하나님의 말씀은 수다쟁이에게 임하는 것이 아니라, 그 혀를 잘 관리하는 사람에게 임한다"라고 말했다.

여기서 주장하는 것은 말씀을 초월하여 신비주의적인 욕구와 혼동해서는 안 된다. 즉 신비주의적으로 기도자가 하나님에게 흡수되는 것이 아니라 나와 너의 관계로 하나님과의 개인적인 관계를 나누는 것이 기도생활의 특징이다. 그것은 말씀에 대한 기다림이며, 말씀을 듣기 위하여 우리 자신을 준비하는 것이다.

"기도할 때 침묵을 두려워 말라. 침묵은 당신이 들어야 하는 것이지 말하는 것이 아님을 의미한다. 그러므로 주 앞에서 기다리라. 조용히 기다리라. 다윗이 '여호와 앞에 있었던 것'처럼 기다리라. 그러면 조용한 가운데서 확실히 당신에게 다가올 것이다. 당신은 당신의 기도가 하나님에게 올려졌다는 것을 알 것이며, 당신은 하나님께서 당신의 겸손한 요구들을 심사숙고하시는 것을 알 것이며, 당신은 드디어 감사하는 마음의 놀람과 신선함으로 당신 자신에게 말씀하시는 조용한 말씀을 들을 것이다."

열광적인 기도의 유형은 한국의 기독교인들에게 가장 친숙한 기도 형태로 뜨겁게 부르짖어 기도함과 함께 하나님의 말씀에 귀 기울이고 듣는 믿음의 묵상의 신선한 동기를 부여함이 필요하다.

2) 자기중심적인 기도

만일 우리가 "그리스도의 정신으로" 기도하고자 한다면 이웃의 고통에 등을 돌릴 수 없다. 기도는 우리에게 이웃을 사랑하라고 명령한다. 이러한 명령으로서의 기도는 인간성이 구조적으로 억압받고, 사람들이 그들 사이에 아무런 동맹도 맺을 수 없는 형편 아래 살아가도록 강요당하는 상황에서는 때로는 위험한 일이 될 수 있다.

그러나 사람이 사람답게 살아가는데 요구되는 이 필요가 오늘의 그리스도인으로 하여금 기도에 대한 적극적인 태도를 가지게 한다. 우리는 가난한 사람들과 불행한 사람들을 "위하여" 기도할 뿐만 아니라 그들과 "더불어" 기도해야 한다.

이것은 불행한 사람들과 고통받는 사람들과 한 동아리가 되지 않으려는 우리의 본능적인 성향에 정면으로 부딪힌다. 그리스도는 하나님께 복종하였기 때문에 인류를 지극히 사랑하고, 비천한 자, 소외된 자, 죄인들, 의로운 자들에게 가까이 갈 수 있었다.

우리가 만일 그리스도의 정신으로 기도한다면, 우리의 기도가 문제되고 있는 현실에 눈을 감고 찬양하며 교묘히 회피하는 것이 되거나 타인의 고통에 대한 동정심의 결여, 무관심, 우리의 냉담한 마음을 무마하려는 짓이 되지 않는다. 성숙한 기도의 자세는 먼저 구체적인 행위로 책임을 지고자 하는 마음의 준비를 갖추어야 한다. 책임을 감수하고 실천하는데 따르는 필연적인 아픔과 갈등을 막고 기도는 성숙한다.

그러나 한국교회의 비극은 기도와 명상과 홀로 있는 시간을 가지지 않고 직접 행동으로 치달으며, 열심히 주님의 사업으로 바쁘게 돌아다니느라고 참 자기와 하나님의 일 속에서 잃어버리는 행동주의자들이 있는가 하면, 또 다른 한편으로는 삶의 한복판에서, 생명의 중심에서 우리를 부르시며 작은 형제들의 기쁨과 고난의 신음소리 속에서 그들의 구원 요청의 음성으로 우리를 부르시는 하나님과 그리스도의 소리를 듣지 못하고 철야기도, 기도원, 금식, 신비체험을 하려고 산 위에 천막을 짓고 "여기가 좋사오니"하는 종교적 개인주의, 책임회피 은둔주의, 비행동주의자가 있다는 것이다.

다시 말해서 자기중심주의 기도가 단지 마음의 불안과 고통을 경감시키는 종교 심리적 효능 이상은 아니라고 한다든지, 인간이 스스로 자율적 책임성을 가진 용기가 없어서 "임기응변의 하나님"의 개입을 간청하는 어린아이의 졸라댐이라고 멸시하여 기도를 하지 않는다. 반면에 기도가 사회에 대한 그리스도인의 무책임성을 변호

해주는 도구로서 남용될 수 있는 가능성을 열어놓으면서, 그리스도인들을 세상 속에서 자신들만의 도피처로 고립시키고 있음을 볼 수 있다.

이러한 상황에서 한국교회의 기도는 너무나 자기중심적이고 이기적인 내용을 담고 있다. 기도의 현장이라고 할 수 있는 목회적인 측면에서나 선교 신학적인 입장에서 기도 자체가 너무 개인적인 "나"라는 의식에 집착되어 있고 "우리"라고 하는 의식이 결여되어 있다. 주로 "나"에서 가족 그 다음에 개교회 중심이다. 개인을 위해서는 기도하지만 국가를 위한 기도에 관심을 갖지 못하고, 교회의 생존을 위해서는 기도하지만 세상의 변화를 위한 기도에는 관심을 기울이지 못한다.

한국교회의 대표성을 띤 기도는 아니지만 2001년 10월경에 감리교단 S교회의 6명의 성도들이 늘 기도하는 내용을 서면으로 받아보았다. 그 내용은 대동소이한 면을 보였다. "생사화복을 주장하시는 하나님, 또는 살아계셔서 역사하시는 하나님" 등으로 기도의 대상이신 하나님에 대한 사랑, 자비, 능력, 은혜, 복의 근원으로 다양한 표현으로 시작해서, 그 다음은 "지은 죄가 너무 많습니다", "부족한 죄인의 입술을 열어", "주님 말씀대로 살겠다고 다짐했지만 그 말씀대로 순종하지 못하고 ..... 주님, 용서하여 주시옵시고, 긍휼히 여겨주시옵소서" 등 죄를 고백하고 간구의 주된 내용은 "사랑하는 남편을 위해 기도합니다. 자녀를 위하여 기도합니다. 자녀들의 이

름을 부르며 ...., 그리고 하나님의 몸된 S교회를 사랑하여 주시고 ....,
하나님 당신께서 사랑하시는 충성된 종 목사님 ....."으로 주로 자기
자신과 가족 그리고 교회를 위한 기도였다. 그 가운데 한 성도는 "세
계적으로 전쟁과 굶주림이 없게 하시고 .... 하나님의 뜻을 따라 국
가와 민족이 새롭게 변화되게 하여 주시옵소서 ...."라고 기도하였
다.

　이와 같이 교인들의 기도는 자기중심, 교회중심적임을 피할 수 없
다. 인간 실존의 제반사를 기도함에 아무런 잘못은 없다. 그것을 지
나치게 비난함도 그릇된 것이다. 그러나 그 간구의 내용에 하나님
의 말씀(뜻)에 통제를 받아 탈 자기중심적인 방향으로 지향되어야
할 것이다.

　즉 이런 기도의 내용들이 기도의 원형적인 모습이기는 하지만, 이
러한 유형의 기도의 약점에 대해, 기도는 삶을 살아가면서 만나는
공포, 낙담, 부끄러움, 부정의와 같은 사회적인 고통을 해소시키기
위해서 기도를 드린다고 한다.

　즉, 사회 현실 속에서 만나게 되는 많은 부조리하고 정의롭지 못
한 문제로 인한 내면적인 혼란을 순환시켜 적극적으로 궁극적인 실
재에 다가가 자신들의 문제를 직접 기도하는 것이다. 그러므로 자
기 자신을 긍정적으로 사회와의 관계 속에서 강화시켜 나아가므로
사회적인 윤리를 실현하는데 많은 가치를 부여하게 된다.

그러므로 한국교회 초기 역사 속에서 민족의 운명이 풍전등화와 같은 절망과 고난 속에 있을 때 나보다 나라와 민족을 위하여 예언자적인 유형의 기도를 보여주었던 것처럼 "나"가 아닌 "우리"라는 연대 의식 속에서 사회를 향해 기도할 수 있어야 한다. 하나님의 백성이란, 피할 수 있는 고난도 만일 그것이 이웃을 위한 것이라면 피해서는 안 될 고난으로 받아들이는 것이다.

이러한 측면의 유형은 기도의 내적 구조를 보면 사회성의 결여이다. 사회의 많은 문제들, 사회를 등지면 그 종교는 버림받는다. 자기 자신만을 위한 기도가 아니라 이웃을 생각하고 사랑하므로 할 수 있는 중보기도의 보완과 더 나아가 개 교회주의를 넘어 사회적인 책임을 다 하는 것이 필요하다.

기독교적인 관점에서 기도는 세상으로부터 우리를 분리시키는 것이 아니라, 우리로 하여금 하나님의 계획안에서 세상과 그것의 목적을 볼 수 있게 한다. 성경적 방법으로 기도하는 사람들은 세상의 절박한 필요에 대해 더욱 민감해지며, 필요를 해결하기 위하여 움직이게 된다.

80년대와 90년대에 걸쳐서 카톨릭 교회가 급진적인 성장을 이룰 수 있었던 것은 카톨릭 교회가 행한 이웃과 세상에 대한 책임적인 행동이 많은 사람들에게 큰 신뢰를 얻었기 때문이다. 이 신뢰의 한복판에는 명동성당으로 상징되는 민주화와 사회정의를 위한 카톨릭의 활동이 존재하지만, 동시에 장애인들이나 소외된 이웃과 함께 했던 카톨릭 교회의 디아코니아가 그 중심에 존재하고 있다.

교회는 복음전도와 사회적 책임이라는 본질적인 과제를 가지고 있다. 이 두 과제는 수레의 두 바퀴와 같이 교회가 갖고 있는 본질적인 과제이다. 교회가 이 과제에 충실할 때 교회는 성장하게 된다. 한국의 개신교회는 복음전도와 함께 사회적인 책임이라는 교회가 가지고 있는 과제의 또 한편의 중요한 측면을 간과해서는 안 된다.

디아코니아는 교회가 가지는 사회적 책임의 핵심 부분이다. 교회는 직접 복음을 전하므로 성장하지만 동시에 이웃과 사회에 대한 책임을 잘 감당할 때에 사회와 국민으로부터 사랑과 신뢰를 받게 되고, 사람들은 복음에 마음을 열고 교회의 소리에 귀를 기울이게 된다.

기독교의 신앙은 곧 이웃사랑과 연결됨은 재론의 여지가 없는 진리이다. 하나님과 나와의 관계는 어떻게 남과의 관계에서 원만한 신앙적인 관계로 실현될 수 있느냐 하는 문제인 것이다.

기도는 갈수록 덜 자기중심적이고 덜 내향적인 기도가 되어야 하며, 이웃을 향한 인식, 자기 존재의 발견, 자신을 비우는 경지에 이르게 되어야 한다. 이것은 성숙한 신앙양태인 고백적 신앙을 요구하고, 기도를 통해 이를 이루어 나갈 것을 요청하는 것으로 이해될 수 있을 것이다. 그리고 기도야말로 이웃들이 나와 더불어 죄와 구원의 공동체를 이루고 있음을 밝혀 준다고 하였다. 그리스도인이란 무의식적으로 뿐만 아니라 의식적으로 개인의 구원의 차원에서만 아니라 더 깊은 인류 전체의식의 중심에서 심령과 함께 기도하는 사람이다. 기도는 그리스도인으로 하여금, 이웃을 향한 관심이 열리게 하는 문인 것이다. 기도는 신앙이 하나님과의 관계나 이웃을 향한 관계의 차원에서 바르게 고백될 수 있도록 돕는 것이다.

3) 일방통행적인 기도

대화란 서로가 말을 주고받는 행위이다. 어느 한 쪽에만 일방적으로 말을 한다면 그것은 진정한 대화라고 말하기 어렵다. 기도도 대화와 마찬가지로 혼자 말을 하는 것이 아니다.

기도는 하나님과 개인이 하는 대화이다. 사람이 하나님께 아뢰고, 하나님의 말씀을 듣고, 그것을 마음에 새겨서 하나님께 자신의 삶을 맡기므로 하나님의 뜻과 원하심이 무엇인지를 발견하고 받아들이는 것이다. 참된 기도는 올바른 대화를 통해서 하나님의 뜻을 받아들이고 하나님의 뜻을 기다리고 분별하려고 애쓰는 기도인 것이다.

참된 기도는 올바른 대화를 통해서 하나님의 뜻을 받아들이고 채움으로써 우리 자신을 하나님의 자녀의 모습으로 바꾸려고 하는 노력이다. 예수님의 겟세마네 동산의 기도와 예수님이 가르쳐 주신 기도 중 "하나님의 뜻이 하늘에서 이룬 것같이 땅에서도 이루어지이다"(마 6:10)의 기도를 통해서 볼 때 하나님의 뜻을 기다리고 분별하려고 애쓰는 들음의 기도였다는 것을 알 수 있다.

그러나 한국교회에서의 기도는 하나님의 뜻을 알고 하나님의 말씀을 들으려고 하는 기도를 하는 것이 아니라 내 뜻, 내 의지, 내 간구를 일방통행적으로 하나님께 강요하는 형식의 기도의 모습이 많이 나타나고 있다. 이것은 하나님 앞에서 우리의 뜻을 하나님의 뜻보다 강조하고 하나님의 계획과 하나님의 모습을 우리의 생각대로 바꾸려는 것이다.

하나님의 음성을 듣고 성령님의 인도하심에 따라 하는 기도가 아닌 수신의 기능을 잃어버린 일방적인 기도인 것이다. 기도는 나의 뜻대로 나의 필요를 좇아 구하는 것이 아니다. 오히려 기도는 하나님의 뜻을 알기 위해서 드리는 것이 기도이다.

그러므로 오늘 우리에게서 이루어지고 있는 당장 눈앞에 있는 위험과 문제를 해결 받기 위해 하나님을 향하여 일방적으로 요구하는 기도보다는 자신의 내면을 정화시키고 나의 뜻이 하나님의 뜻과 하나가 되게 하는 성숙한 기도가 필요하다.

4) 현세적이고 물질적 축복을 앞세우는 기도

예수님께서 "주기도문"에서 기도의 대원칙을 가르쳐 주셨다. 그 기도는 하나님을 하늘에 계신 아버지라고 부르는 아들의 영을 받은 참된 신자들이 드리는 기도이다. "주기도문"의 첫째 소원은 하나님의 이름이 거룩하게 높임을 받는 일이요, 하나님의 나라와 그 분의 뜻이 이 땅에 이루어지는 일이다. 그런 다음에 일용할 양식을 구했고, 남의 죄를 용서해줌으로써 내 죄의 사해주심을 구하고, 자신의 연약함을 밝히 인식하고, 시험에 들지 않도록 사탄의 세력에 구해주실 것을 기도하고, 그리고 하나님께 영광을 돌리었다.

이렇게 볼 때 우리가 가장 우선적으로 구해야 될 것은 "너희는 먼저 그의 나라와 그의 의를 구하라 그리하면 이 모든 것을 너희에게 더하시리라"는 말씀에서 나타나는 바와 같이 "그의 나라와 그의 의"이다. 이렇게 하면 이 모든 것, 물질적 복도 더하시겠다는 말씀이다.

그러나 한국교회의 기도는 물질적, 현세적 복을 앞세우고 강조하고 있다는 점이다. 이러한 한국교회의 기도 유형은 전반적으로 부정하거나 문제점을 지적하기에 앞서 원형적인 기도 유형 중 구체적으로 일상적인 삶의 풍요를 추구하는 원시인들의 드리는 소박한 기도 유형에 속한다. 현실적인 삶의 문제와 자신의 필요를 위하여 즉각적이며 솔직하고 진실하게 드리는 기도는 참된 기도와 인간의 종교성과 진리를 드러내주는 것으로 높이 평가하고 있다.

"간구의 기도가 비현실적이고 추상적으로 되지 않으려면 하나님의 뜻에 순종하며, 그 안에서 풍요로워지기를 원하는 일반적인 소망으로부터 일상생활에서 일어나는 특수한 일들에 관심을 돌려야만 한다. 그리고 이와 같은 노력에서 개인의 큰 목표들이 이루어 질 수 있다".

한국 사람들의 마음 중심에는 무교적인 영향이 있어서 지나칠 정도로 복을 추구하고 매달려 있다. 한국 기독교인들은 남을 위한 봉사나 헌신에 있어서 매우 소극적이고 축복을 받는 것에 대하여는 이기주의적인 모습으로 자신의 유익과 이익을 구한다.

그러나 이러한 물질적, 현세적 복을 구하는 기도가 비판의 대상이 되는 것은 현실적이고 물질적인 풍요로움을 얻기 위한 목적으로, 기도가 수단으로 전락되거나 물질이 궁극적인 실재의 자리를 대신하여 우상화되는 것을 우려하는 목소리 때문이다.
뿐만 아니라 기도에 있어서도 마찬가지로 물질적, 현세적 축복을 앞세우기에 바쁜 것이 한국교회가 가지고 있는 큰 문제점이다. 그럼 왜 이렇게 한국교회가 물질적인 축복에 대해서 온통 그 마음을 빼앗기게 되었는가? 그것은 한국 기독교인들은 하나님의 나라에 대한 사상과 신앙이 투철하게 복음적이지 못하기 때문이다.

물질은 현대의 우상이다. 하지만 물질 자체가 선도 악도 아니고 인간의 삶에서 물질은 소중한 것이다.
이 세상의 모든 재화는 하나님의 것이고(고전 10:26), 아름다운 것이다. 그러나 그것이 하나님의 자리를 차지할 때 매우 무서운 죄악적 상황이 되고 만다.

현대사회는 물질만능주의가 판을 치게 되었고, 물량주의 팽창 시대로 돌입하게 되었다. 이러한 사회 전반에 깔린 물량주의 팽창에 의한 가치관이 어느새 우리 교회 안에 들어와서 목회자와 교인들의 마음을 사로잡고 있다.

　한국교회에서는 목회의 성공이 교인들의 숫자, 헌금의 액수, 예배당의 크기와 비례하는 관념이 형성되어 있다. 목회의 성공이 수치로 표현되어 "많고 큰 것이 좋다"는 관념이 교회 지도자들의 의식 속에 뿌리 박혀 있다. 물론 교인의 숫자적 성장과 외향적 발전을 기대하는 것은 하나님의 자녀로서 마땅한 것이겠지만 수천수만의 성도와 크고 화려한 예배당, 교육관, 주차장 등의 시설을 구비하는 것이 교회 존재의 우선순위가 되어 있고 교회 구성원 개개인에 대한 관심이 차 순위나 삼 순위가 되어서는 안 될 것이다.

　지금까지의 한국교회는 사회에서 만연된 물량주의가 교회에까지 파고들어 교인들의 영혼을 황폐하게 만들고 사회의 비난거리가 되어 왔다. 이제는 교회도 지나친 물량화의 유혹과 위험을 이겨야 한다.

　그러므로 이러한 문제점을 자인하고 있는 한국교회는 이제는 기도가 하나님에게서 자기 자신의 욕구를 채우기 위한 수단으로서의 기도가 아니라 기도하는 사람들이 이 세상적인 것만을 추구하는 자기 자신의 영혼의 모습을 의식하면서 회개와 슬픔의 과정을 통하여 자신들의 내면을 정화시키고, 사회적인 문제와 고통을 내면에서 승화시켜 나가는 한층 성숙한 한국교회의 기도가 되어야 한다.

5) 공적을 쌓은 기도

기도는 영의 호흡이다. 육체가 쉬지 않고 호흡하는 것처럼 우리의 영혼도 기도로 호흡하는 것이다. 육신의 생명이 유지되려면 숨 쉬는 것이 당연한 것이요, 나는 호흡을 얼마만큼 많이 한다고 자랑하는 사람이 없는 것처럼 영혼의 호흡인 기도를 많이 한다고 자랑할 것이 못된다. 영혼이 계속 생명을 유지하려면 기도하는 것은 당연한 일이다. 따라는 기도는 영혼의 호흡이며, 믿음의 고백이고, 하나님이 주시는 크신 은혜이다.

따라서 기도는 호흡과 같이 자연스럽게 삶의 표현이 되어야 한다. 말씀 중 생활 속에서 드리는 기도, 생의 한 가운데서 드리는 기도라는 것은 생활에서부터 멀어져서는 안 된다. 그렇다고 길을 가면서 아니면 일을 하면서 기도한다든지 하는 것이 아니라 생 그 자체가 기도가 되어야 한다. 생 그 자체가 하나님을 중심으로 모시는 생활이 곧 생활 속의 기도요, 행동의 기도이고, 영혼의 호흡이다.

그러나 한국교회는 기도를 오랫동안 하는 것을 마치 자기 신앙의 기준을 재는 척도로 생각하는 풍조 때문에 성도 간에 서로 자랑하기가 일수이다. 뿐만 아니라 기도를 마치 쌓아지는 공적으로 생각하는 경우도 있다.

예를 들면 한국교회의 목회자들 가운데서는 40일 금식기도와 철야기도, 특별새벽기도를 몇 번 했는지를 그들의 이력으로 앞세우고 자랑하는 자들도 있다. 뿐만 아니라 한국교회의 성도들은 기도를 마치 서로간의 신앙의 척도를 재는 기준으로 생각하고 하나님과 관계없는 자랑거리로 여기는 바리새인 같은 기도만 하고 있는 것이다.

예수님께서 의미 없이 반복해서 하는 기도를 이방인의 기도에 비유하셨고(마 6:7), 루터도 "오늘날 기도는 단지 지정된 시간에 묵주 알을 세면서 중얼거리다 끝난다"고 슬퍼했다. 올바르게 기도하기를 원하는 사람은 영적으로 충만하고 믿음으로 강화된 짧은 기도를 해야 한다고 했다.

어거스틴도 기도하는 사람이 어떤 의무감에 얽매이지 않고 횡설수설하는 많은 말을 하지 않는다면, 기도 시간은 길어져도 좋다고 생각했다. "기도는 기도의 열심과 관심이 지속되는 한 자유롭게 많은 요청을 하나님께 하는 것이 아니라, 자유롭게 하나님과 많은 말을 하는 것이다".

이와 같이 기도에 있어서 결정적으로 중요한 것은 기도의 시간과 횟수가 아니라 진지함과 열정이다. 우리는 화려한 의식 가운데서 드리는 기도나 현란한 표현을 하면서 오랫동안 하나님께 드리는 기도에 응답이 있을 것이라는 희망을 가져서는 안 된다.

그러나 한국교회에서 현저하게 나타나는 것은 무속적인 기복신앙이다. 기복이란 복을 받기 위하여 신령을 제사하는 종교행위이다. 기복은 한국인의 종교 심리와 가장 심층에 자리 잡고 있는 요소이다. 무교적인 사상에서 이러한 기복적 요소를 많이 찾을 수 있다. 우리 한국교회의 부흥 또한 이러한 기복 신앙의 민족적 바탕 때문이라고 생각할 수 있다.

　그러므로 오늘날 한국교회는 기복적인 공로 사상과 직결이 되어 행위로 인한 복을 추구하는 신앙인들이 많다. 그래서 기도도 무엇을 얻기 위한 수단으로 정성스럽게 노력하여 일정량의 횟수와 기간으로 공로를 쌓아 놓으면 된다고 생각을 한다. 마치 기도를 어떠한 일을 성취시키기 위한 수단으로 방법론적인 접근을 시도하는 것은 본질에서 벗어나는 것이다. 하나님을 우리의 목적을 이루기 위해 이용하는 상업주의적 발상이다.

　그러므로 인간의 어떤 조건적인 행위와 공로사상을 가지고 기도하므로 기도를 어떤 목적을 이루기 위한 수단으로 전락시켜서 허울뿐인 기도를 만들 것이 아니라 하나님에 대한 믿음을 회복하고 참된 기도를 드려야 한다.

6) 기계적이고 형식적인 기도

　대표기도는 회중들의 신앙적인 열망을 강화시키고 깨어나게 해서 회중들 각자에게서 높은 수준에 이르게 하고 성숙한 헌신을 불러낸다. 그러나 대표기도 중에 많은 부분이 기계적으로 형식화된 더 이상 내면적인 감동을 제공하지 못하는 경우가 있다.

　예배나 모임에 가서 기도할 때 생활 가운데서 직접적으로나 간접적으로 경험되어져서 나오는 기도가 아닌 앵무새처럼 추상적인 언어의 나열로 무미건조하게 하는 기도다. 즉 기도의 대상인 하나님께 믿음으로 드리는 기도가 아닌 듣는 회중들을 의식하는 기도를 말한다. 이것은 참된 기도가 아니다. 예수님께서도 이러한 유형으로 기도시간에 회당이나 큰 길 모퉁이에 서서 허세로 기도하는 바리새인들에 대해 강력하게 비판했으며(마 6:5-6), 또한 빈말을 되풀이하는 이방인의 기도에 대해서도 거부감을 나타내었다(마 6:78). 예수님은 단순히 의무적인 기도에 대한 습관의 오용을 비판했던 것이다.

그렇다고 이러한 기계적이고 형식화된 기도를 성경을 통해서나 기도자들의 경험을 통해서 알 수 있는 측면도 있지만, 공적인 예배에서 드려지는 현상을 보고 기도의 내적 구조나 내용은 분석할 수 있지만 그 기도 자체가 기계적이고 형식적인 기도라고 판단할 수 없다. 왜냐하면 그것은 이미 이러한 기도를 판단하는 사람이 하나님의 자리에 서게 되는 큰 죄를 범하기 때문이다.

공적으로 다양하게 드려지는 기도를 분별할 수 있는 절대적인 기준을 세울 수는 없지만, 우리가 분별할 수 있는 부분은 공적인 예배에서 대표로 기도하는 기도자의 기도의 삶을 통해서 알 수 있을 것이다. 대표 기도자가 기도의 생활이 없이 의무적으로 습관을 따라 무미건조하게 의무적으로 행하는 기도인가 아니면 기도의 삶을 통해서 자발적이고 창조적으로 나오는 기도로 많은 회중들에게 신앙의 열정과 헌신에 큰 영향을 나타내는 기도인가로 분별할 수 있다.

그러므로 기독교인 특히, 대표 기도자에게 있어서 기도는 삶이 되어야 한다. 하나님을 향한 기대와 소망을 가진 자들은 기도로 자기의 삶을 시작하고 영위해 나간다. 기도의 자리에서 그는 하나님의 신비와 놀라움을 느끼고, 그것을 묵상하며 경험한다. 기도란 곧 하늘과 땅, 자신과 이웃, 그리고 시간과 역사의 흐름을 보면서, 그 모든 것을 꿰뚫는 하나님의 섭리의 세계에 대해 찬탄하는 인간의 본래적인 삶의 양식이라고 할 수 있다.

이러한 기도하는 삶이 무엇인지 자신의 전 삶과 몸으로 보여준 인물이 바로 예수님이시다. 그가 눈으로 보고, 귀로 듣고, 마음으로 깨닫는 모든 자리는 하나님이 나타나고 역사하는 자리인 동시에 예수님의 기도의 자리였다. 그러므로 예수님의 삶이란 전체가 기도의 그 자체였다고 할 수 있다. 예수님에게 있어서 모든 시간이란 기도의 시간이며, 모든 장소란 기도의 처소라고 말할 수 있다.

이와 같이 예수님의 공생애는 그 시작과 마지막이 기도로 가득 차 있다. 예수님은 혼자 한적한 곳에서(막 1:35, 눅 5:16) 새벽 미명에 기도하셨고, 밤새도록 하나님과의 기도를 고독하게 행한 적도 있었다(막 1:35, 눅 6:12).

공생애를 시작하며 세례자 요한에게 물세례를 받을 때부터(눅 3:21) 시작된 그의 기도는 가버나움에 등장하여 하나님 나라 수행을 위한 기적을 행한 후에도(막 1:35, 눅 5:16, 막 6:46, 마 14:23), 또한 제자들을 선택할 때에도(눅 6:12), 제자들을 파송하면서도(마 9:38) 계속되었다.

그리고 예수님의 생애에 있어서 전환점을 맞는 가이사랴 빌립보에서(눅 9:18), 변화산에서(눅 9:28), 수난 받기 전에 그의 제자들을 위해서도(눅 22:32, 요 17장) 기도를 쉬지 않고 있음을 볼 수 있다. 드디어 예수님은 수난을 앞둔 겟세마네동산에서 기도로 하나님과 씨름하며(마 26:36-46), 마침내 십자가의 죽음의 자리(막 15:34, 눅 23:34, 23:46)에 이르러서까지 기도하셨던 것이다.

이러한 예수님의 기도는 초대교회에서도 그대로 이어졌다. 초대 교인들은 기도생활에 힘썼으며(행 2:42), 베드로와 요한은 정기적인 기도를 시행했다(행 3:1). 예루살렘 성도들은 유대의 종교지도자들에게 위협을 당했을 대 기도했으며(행 4:24-30), 스데반은 돌에 맞는 순간에도 기도했으며, 그 기도문은 예수님의 십자가상의 기도문과 너무나 비슷하다(행 7:59-60).

그리하여 스데반은 예수님의 기도의 모범을 행동에서만이 아니라 그 내용에서까지도 철저히 그대로 따랐던 사람으로 나타나 있다. 사마리아 성에 복음은 증거되었으나 성령께서 임한 적이 없자 베드로와 요한이 기도해 줌으로 성령이 임하게 된다(행 18:15-17). 즉 사마리아의 오순절이 기도로서 가능케 되었다. 이방인 고넬료는 기도하는 중에 환상을 보게 되고, 그 결과 베드로를 청해 복음을 듣고, 나아가 성령까지 받게 된다.

이 때 베드로 역시 기도하는 가운데 선교 지시를 받고(행 10:9, 11:5), 고넬료를 개종시키게 된다. 안디옥 교회는 기도하는 가운데 바울과 바나바 두 사람을 이방인 선교사로 보내었고(행 13:1-3), 그들은 기도의 힘으로 그들의 선교과업을 성취하게 된다(행 14:23, 16:25, 20:36, 21:5, 22:17, 28:8).

예수님의 삶 못지않게, 초대교회의 삶에서도 기도가 없어서는 안 될 중요한 요소임을 보여준다.

이와 같이 예수님과 초대교회에서 하나님의 뜻을 행하기에 앞서 기도에 힘쓰고, 기도하며 행하였던 것처럼 공적인 예배에서 대표기도를 해야 하는 사람도 기도하기 전의 준비 기도가 있어야 할 뿐 아니라 삶이 없이 이어지는 대표기도는 지극히 통상적인 문구의 나열로 형식적이 되기 쉽다.

그리고 예배의 순서인 기도의 시간을 메꾸는 자기 독백으로 일관하게 될 가능성이 크다. 그러므로 회중을 대표하여 공적인 기도를 하는 오늘의 대표 기도자는 한층 더 기도의 생활화에 무거운 책임감을 느껴야 할 것이다.

3. 올바른 기도의 법칙은 무엇인가?

1) 경외심을 갖고 기도해야 한다.

칼빈은 "기도하는 사람의 올바른 자세는 하나님과 대화하려는 적합한 마음과 정신을 가지는 것이다"라고 한다. 또한 기도를 "하나님과의 대화"라고 말하고, 이와 같은 기도의 개념에는 불경스럽거나 충동적이거나 경솔한 요소가 있어서는 안 된다고 주장한다. 이 같은 상태로 기도하려면 우리는 정신을 딴 길로 두거나, 하나님을 바르고 순수하게 바라보지 못하게 하는 육신적 사상과 염려를 버리고 전적으로 기도에 마음을 쏟아야 한다고 말한다.

그리고 우리의 마음 자세를 하나님께 향하도록 끌어올려야 하고 우리의 정신이 그분에게만 집중되어야 한다. 인간의 정신은 본래 방황하는 습성이 있기 때문에 외부적인 염려에 빠지기 쉽다.

미래지향적이지 못하고 현실의 문제에 고민하고 땅의 것에 얽매여 살 때가 많다. 그러므로 기도하는 사람은 세상의 모든 것을 배설물로 여기고 정신을 가다듬어 초월자이신 하나님 앞에 가야 한다. 하나님은 정직한 자의 기도를 들으시고 그의 간구에 응답하시기 때문이다.

하나님을 경외하는 심정으로 기도하는 자는 철저하게 주님을 바라보아야 한다. 그리고 자기의 능력과 기도에 온 정신을 바쳐야 하고 산만한 생각으로 주의가 흩어지지 않게 해야 한다. 이는 기도의 원칙이다. 경외하는 생각이 전혀 없는 경박한 태도는 하나님을 바라보는 것과 반대되는 것이다. 우리는 정신을 모으기 어려울 때 찬양을 하고 하나님의 말씀을 소리 내어 읽으면서 우리의 마음과 생각이 주님을 향하도록 노력해야 한다. 하나님을 향하여 정신을 집중하게 되면 어느 때인가 기도의 진행을 막거나 굴곡이 많은 가운데서도 하나님을 향할 수 있게 된다.

하나님께서는 절제하는 간구를 들으신다. 우리는 하나님께서 허락하시는 것 이상의 것을 구하지 말라는 것이다. 하나님께서는 우리에게 우리 자신의 마음을 털어 놓으라고 하신다.
그러나 어리석고 사악한 감정들이 무분별하게 흐르도록 내버려두지는 않으신다. 하나님은 경건한 자들의 뜻에 행하시겠다고 하지만 하나님은 그들의 뜻대로 허락하시거나 관용하시지는 않는다. 철저하게 자신의 뜻과 계획, 방법에 의하여 경건한 자들과 기도하는 자들을 돕고 계신다.

하나님은 절제와 정직함으로 구하는 것을 원하시는데 사람들은 기도하면서 중대한 죄를 범하고 있다. 기도할 때 합당치 못한 일들을 가지고 경솔하고 몰염치하고 무례한 자세로 하나님께 부르짖고, 닥치는 대로 어떠한 망상이라도 부끄러워하지 않고 하나님 앞에 드러내 놓는 사람들이 많다.
한마디로 부끄럽고 추잡한 욕망을 모조리 내어놓는 것이 얼마나 뻔뻔스러운 일인가? 우리의 삶 속에서 내어놓을 수 없는 기도의 제목들, 추악하고 감히 내놓을 수 없는 것들을 하나님 앞에 털어놓는다. 그래서 야심가들은 쥬피터를 수호신으로 택했고, 인색한 자들은 머큐리를, 지식을 탐하는 자들은 아폴로와 미네르바를, 군인들은 마르스를, 음탕한 자들은 비너스를 택하였다.

오늘날도 마찬가지로 말도 안 되는 욕심을 기도에서 털어놓는 사람들이 있는데, 하나님은 이러한 것에 대하여 용납하시지 않으신다. 오히려 자신의 권리를 주장하시며 우리의 소원을 그분의 권위에 굴복시키시며 억제시키신다.

이러한 이유 때문에 우리는 "그를 향하여 우리의 가진 바 담대한 것이 이것이니 그의 뜻대로 무엇을 구하면 들으심이라"(요일 5:14)는 요한의 주장을 보아야 한다.

사실 우리의 정신과 마음이 완전한 상태에 도달한다는 것이 얼마나 어려운 일인지 모른다. 그렇기 때문에 하나님은 약한 우리를 도우시려고 성령님을 기도의 교사로 주셨고, 기도에 있어서 바른 것이 무엇인가를 알려주시고, 감정을 조절해 주신다.

로마서 8장 26절에서 "이와 같이 성령도 우리의 연약함을 도우시나니 우리는 마땅히 기도할 바를 알지 못하나 오직 성령이 말할 수 없는 탄식으로 우리를 위하여 친히 간구 하시느니라"고 말씀하고 있다.

이 말씀의 뜻은 성령님께서 직접 기도하시거나 탄식하신다는 것이 아니다. 우리 마음속에서 확신과 소원과 탄식을 일으키시고, 우리의 자연적인 능력으로 도저히 할 수 없는 일에 대하여 도우신다는 것이다. 또한 깨달을 수 없는 것들을 깨닫게 하신다는 것이다.

이것이 성령의 도우심이다. 성령님의 도우심이 없이는 결코 올바른 기도를 드릴 수 없다.

우리가 성령님의 도우심으로 기도할 수 있다는 것은 특별한 축복이다. 하나님과의 대화에는 경건한 초자연성이 필요하다. 하나님을 바르고 순수하게 주시하지 못하게 하는 육적인 근심과 생각을 버리고 전심전력해서 기도해야 한다.

무례하며 불경한 기도를 배척해야 한다. 기도를 드리는 사람은 자기의 능력과 노력을 기도에 바쳐야 하고, 산만한 생각으로 주의가 흩어지지 않아야 한다. 정신을 집중하기 어려울수록 우리는 더욱 노력해야 한다.

그러므로 하나님의 존엄하심을 깊이 생각하여 세상적인 걱정과 애착을 일체 버리고 나서 기도를 시작하는 사람들만이 충분하고 합당한 기도 준비를 한 사람들이다.

우리의 근심 걱정을 자신의 가슴에 털어놓으려고 친절하게 권할수록 하나님의 비할 데 없이 훌륭한 이 은혜를 무시하는 우리의 죄는 더욱 용서할 수 없다는 것이다.

우리는 무엇보다 이 은혜를 더 중시하여 하나님 앞에 나가며, 정신과 노력을 정성스럽게 기도에 바쳐야 한다. 이렇게 되려면, 우리의 정신은 이 여러 가지 방해물과 굳세게 싸워서 이기고 초월해야 한다.

성령님이 올바른 기도를 도우신다. 하나님께서는 약한 우리를 도우시려고 우리 기도의 교사로서 성령님을 우리에게 주셔서 기도에 있어서 바른 것이 무엇임을 알려 주시며 감정을 조절해 주신다.

"이와 같이 성령도 우리의 연약함을 도우시나니 우리는 마땅히 기도할 바를 알지 못하나 오직 성령이 말할 수 없는 탄식으로 우리를 위하여 친히 간구 하시느니라"(롬 8:26).

하나님이 자신의 성령님으로 우리를 앞서 이끌어 주지 아니하면 우리는 기도할 수가 없다. 우리의 기도가 응답 될 것을 믿는 확신은 참된 기도가 갖는 두드러진 특징이다. 기도의 중요한 특징인 열정과 간절함을 가지고 우리로 하여금 기도할 수 있게 하는 분도 역시 성령님이시다.

2) 자신의 부족함을 의식하고 회개하는 마음으로 기도해야 한다.

기도할 때 자신의 부족을 의식하고 회개하는 심정으로 기도해야 할 것이다. 우리는 기도할 때 항상 자신의 부족을 느끼며, 우리가 구하는 모든 것이 얼마나 필요한가를 진심으로 생각해서, 그것을 얻고자 하는 진실한, 그리고 강렬한 소원을 가지고 기도해야 한다.

하나님 앞에서 기도할 때 자신의 죄를 용서해 달라고 기도한다. 그러면서 자기가 죄인이 아니라고 생각하는 사람은 가증스러우며 하나님의 저주를 받아 마땅하다는 것이다. 분명히 이러한 행위는 하나님을 희롱하는 것이다.

하나님은 정직한 영을 좋아하신다. 어떠한 형식을 좋아하거나, 기도하면서 하나님의 명령을 잘 지키는 것처럼, 기계적으로 습관적으로 아무 생각 없이 중얼거리는 것을 하나님께서 원치 않으신다.

온 정성과 진심을 다해 간구하고 "정직한 영을 나에게 주소서"라고 하면서 회개하는 심정의 기도를 하나님은 응답하신다. 진심으로 갈망하거나 하나님으로부터의 응답을 원하지 않는다면 기도를 삼가는 것이 바람직하다.

"하나님의 이름이 거룩히 여김을 받으시오며"(눅 6:9, 눅 11:2)라고 기도하는 모습이야말로 아름다운 것이다.

우리는 거룩히 여김을 받게 되는 일을 위해서 주리고 목마른 사람처럼 정성껏 기도해야 한다.

그러므로 우리의 올바른 기도의 시작과 준비는 겸손하고 성실하게 죄를 고백하며 용서를 구하는 것이다. 아무리 거룩한 사람이라도 하나님의 너그러우신 용서를 얻기까지는 하나님으로부터 아무 것도 얻기를 바라서는 안 된다. 하나님은 자신이 용서하지 않은 사람에게 자비를 베푸시지 않는다.

이러한 말에서 우리는 죄의 용서를 구하는 것이 기도의 문을 여는 열쇠가 된다는 것을 발견한다. 그리고 기도는 자신의 기분에 좌우되어서는 안 된다는 것도 알 수 있다. 철저하게 하나님 앞에서 두려움과 존경과 경배와 찬양을 하되 하나님의 긍휼을 기다리는 마음으로 기도해야 한다.

다윗은 죄의 용서를 믿지 아니할 때도 "여호와여 내 소시의 죄와 허물을 기억지 마시고 주의 인자하심을 따라 나를 기억하시되 주의 선하심을 인하여 하옵소서"(시 25:7)라고 했다. 이러한 것을 볼 때 매일 최근의 일만을 고백하는 것으로 만족하지 말고 오랫동안 잊어버리고 살았던 죄까지 기도로 고백해야 한다는 것을 알 수 있다.

이러한 내용들을 살펴 볼 때 바르게 기도하기 위해서는 회개가 필요하다. 왜 그러한가? 하나님은 죄인의 기도를 들으시지 않기 때문이다(요 9:31, 사 1:15, 렘 11:7, 8, 11).

기도의 응답을 받거나 하나님을 기쁘시게 하기 위해서는 자신의 악한 행실을 미워하고(왕하 20:3, 사 38:3), 거지와 같은 자신의 처지와 마음 자세를 가져야 한다. 그리고 하나님의 나라와 영광을 생각하는 열성이 끊임없이 계속적으로 우리의 마음을 점령케 하기 위하여 "쉬지 말고 기도"(살전 5:17) 해야 한다.

하나님 앞에서 쉬지 않고 기도하는 자에게 위선과 거짓이 있을 수 없다.

"여호와께서는 자기에게 간구하는 모든 자 곧 진실하게 간구하는 모든 자에게 가까이 하시는도다"(시 145:18)라고 하였으며, 전심으로 하나님을 찾는 자는 만나게 된다(렘 9:13-14)고 하셨기 때문이다.

3) 자신에 대한 신뢰를 버리고 겸손히 용서를 구해야 한다.

자신의 신뢰를 버리고 겸손히 하나님의 용서를 비는 기도를 드려야 한다. 즉 기도하기 위해서 하나님 앞에 서는 사람은 영광을 전적으로 하나님께 돌리며, 자기의 영광을 전혀 생각하지 않으며, 자신의 가치를 일체 생각하지 않아야 한다.

곧 자기 자신의 신뢰를 버려야 한다. 그렇지 않고는 자기의 가치를 티끌만큼이라도 주장해서 허영과 교만에 부푼다면 하나님 앞에서 멸망하게 될 것이다.

하나님께 기도하는 자는 마땅히 자기의 영광이나 자기 가치에 대한 어떠한 생각도 버려야 한다. 교만한 마음을 버리고 이같이 겸손하게 산 사람들의 실례를 성경에서 찾아보아야 한다.

다니엘(단 9:18-20), 다윗(시 143:2), 이사야(사 64:5-9), 예레미야(렘 14:7)와 같은 하나님의 종들에게서 이러한 태도를 보게 된다.

그들은 하나님 앞에 나아갈 때 더욱 겸손했다. 그들은 자신을 하나님의 것이라고 생각했기 때문에 하나님께서 돌보실 것을 믿고 다른 아무것도 의뢰하지 않았던 것이다.

따라서 기도의 가장 중요한 부분은 죄의 용서를 비는 것이다. 겸손하게 성실하게 죄를 고백하는 것과 함께 용서를 구하는 것이 기도의 시작이며 준비이다.

사람은 그가 아무리 거룩하더라도 하나님께서 그와 자유롭게 화해하시기까지는 무엇인가를 하나님께 희망을 가져서는 안 된다. 하나님은 자신이 용서하지 않는 사람에게 순조로운 관계를 가지시지 않는다. 우리는 죄의 용서를 비는 것이 기도의 문을 여는 열쇠가 된다는 것을 알게 된다.

죄의 용서를 구하지 않는 간구는 외식이며 하나님과 아무런 관계도 맺을 수 없다. 요한일서 1장 9절에서 "만일 우리가 우리 죄를 자백하면 그는 미쁘시고 의로우사 우리 죄를 사하시며 우리를 모든 불의에서 깨끗하게 하실 것이요"라는 말씀은 여기에 해당된다.

이런 이유 때문에 율법 아래서 드리는 기도가 받아들여지게 하기 위하여 피의 대속으로서 기도를 성별했다(창 12:8, 26:25, 33:20, 삼상 7:9). 그것은 율법시대에 살았던 사람들이 부정한 것을 깨끗이 씻고 하나님의 자비에만 의지해 기도를 드려야 특권과 영예를 받게 된다는 사실을 알려주고 있다.

우리는 겸손하게 자비를 빌기 위해 기도해야 한다. 죄의 용서를 비는 것이 가장 중요한 부분이다. 올바른 기도의 시작과, 그 준비는 겸손하고 성실하게 죄를 고백하며 용서를 구하는 것이다.

매일 최근의 죄를 고백하는 것으로 만족할 것이 아니라, 오랫동안 잊고 있는 듯한 죄까지도 고백해야 된다는 것을 알 수 있다. 그들은 오직 하나님의 자비로부터 기도할 생각을 얻게 되었고, 그렇게 함으로써 언제든지 우선 하나님의 노여움을 풀고자 했다는 것을 발견할 것이다. 하나님의 자비와 용서를 믿지 않는다면, 사람은 하나님 앞에 나갈 때마다 무서워 떨 것이다.

사람들이 벌을 면하기를 기원할 때에 특별한 고백이 하나 더 있다. 즉, 그들은 동시에 죄의 용서를 위해 기도할 수 있어야 한다. 기도는 값없이 주시는 자비를 근거로 삼지 않으면 하나님께 결코 도달하지 못하기 때문이다.

"만일 우리가 우리 죄를 자백하면 그는 미쁘시고 의로우사 우리

죄를 사하시며 우리를 모든 불의에서 깨끗하게 하실 것이요"(요일 1:9). 이것은 당시 사람들에게, 먼저 그들의 부정한 것을 깨끗이 씻어버린 다음에, 하나님의 자비만을 믿고 기도를 드리지 않는다면, 그들은 이 큰 특권과 영예를 받을 가치가 없다는 것을 경고하려는 것이었다.

4) 확신 있는 소망을 가지고 기도해야 한다.

우리의 기도가 반드시 응답된다는 확실한 소망을 갖고 기도해야 한다. 우리가 기도할 때 소망과 믿음은 공포심을 극복하고 오히려 용기를 가져다준다.

다윗은 그의 간구에서 "오직 나는 주의 풍성한 사랑을 힘입어 주의 집에 들어가 주를 경외함으로 성전을 향하여 예배하리이다"(시 5:7)라고 하였다. 그는 하나님의 인자하심에 믿음을 포함시키면서 한편으로는 경외심을 배제하지 않는다. 왜냐하면 하나님의 존엄은 우리로 하여금 그분을 공경하지 않을 수 없게 할 뿐만 아니라 우리 자신의 무가치함을 깨닫게 하기 때문이다.

그러므로 확신은 모든 불안에서 해방되게 하고 감미로운 감정을 갖도록 한다. 확신은 완전한 평안으로 우리의 믿음을 위로하고 하나님께 기도하는 데 도움을 준다. 그 이유는 하나님을 향하는 믿음 때문이다. 기도는 우연에서 나오는 것이 아니라 믿음의 인도에 따르는 법칙이기 때문이다.

"그러므로 내가 너희에게 말하노니 무엇이든지 기도하고 구하는 것은 받은 줄로 믿으라 그리하면 너희에게 그대로 되리라"(막 11:24)

는 말씀은 이를 뒷받침 해 준다.

또 "너희가 기도할 때에 무엇이든지 믿고 구하는 것은 다 받으리라"(마 12:22)는 말씀도 같은 맥락에서 이해할 수 있다.

야고보도 "너희 중에 누구든지 지혜가 부족하거든 모든 사람에게 후히 주시고 꾸짖지 아니하시는 하나님께 구하라 그리하면 주시리라 오직 믿음으로 구하고 조금도 의심하지 말라 의심하는 자는 마치 바람에 밀려 요동하는 바다 물결 같으니 이런 사람은 무엇이든지 주께 얻기를 생각하지 말라"(약 1:5-7) 등이다.

여기서 '믿음'을 '의심하지 말라'는 말로 대치함으로써 믿음의 힘을 강조하고 있다. 그러나 한 가지 조심해야 될 것이 있다. 의심과 불확실한 믿음을 가지고 기도할 때, 응답이 있을까 없을까 하는 확신 없이 기도할 때는 하나님께 아무런 도움도 받을 수 없다.

만약 우리가 어떤 은혜를 받기 위해 간구하면서 그것을 실제적으로 기대하지 않는다고 하면, 하나님은 우리의 이 부족한 믿음에 대하여 심히 노여워하실 것이라는 것이다. 그러므로 경건한 사람의 기도는 두려움과 소망에 기초를 두고 있다. 즉 그는 현재의 곤경에서 신음하며 앞으로 올 고통을 두려워하고 불안해 하지만, 동시에 하나님에게서 피난처를 얻으며 언제나 그가 도와주실 것을 조금도 의심하지 않는다.

기도에 대한 응답으로서 얻은 것은 모두 믿음으로 인한 것이다.

믿음이 기도에 있어서 얼마나 중요한 것인가를 보게 된다. "그런즉 저희가 믿지 아니하는 이를 어찌 부르리요, 듣지도 못한 이를 어찌 믿으리요, 전파하는 자가 없이 어찌 들으리요"(롬 10:4)라는 바울의 말도 이러한 의미를 지닌다.

하나님의 영적 감각이 없거나 어리석은 사람들은 이 말에 대하여 그렇게 중요하게 생각지 않는다.

"믿음은 들음에서 나며 들음은 그리스도의 말씀으로 말미암았느니라"(롬 10:17)는 말씀도 마찬가지이다.

바울은 믿음에서 기도가 시작되는 것을 말하면서 하나님을 부르는 행위는 오직 복음의 선포를 통해서만 알게 된다고 말한다. 더 나아가서 하나님의 선하심과 자비하심도 믿음을 통하여 발견된다는 것이다.

그리고 기도 응답의 확신을 부정하는 사람들을 성경은 반박한다. 그들은 하나님의 은혜와 자비하심을 어처구니없는 말로 여기는 사람들이다.

그들은 믿음의 힘을 마음 깊이 체험하지 못하고 공상밖에 해본 일이 없는 사람들이기 때문에 그들을 상대로 논의할 가치가 없다. 우리가 요구하는 확신의 가치와 필요성은 주로 하나님께 기도하는 데서 깨닫게 되기 때문이다.

"그러므로 우리는 긍휼하심을 받고 때를 따라 돕는 은혜를 얻기 위하여 은혜의 보좌 앞에 담대히 나아갈 것이니라"(히 4:16).

우리는 그리스도를 믿는 믿음을 통하여 확신을 가지고 하나님께 나아간다. 기도의 효과가 있기를 바란다면 구하는 것을 반드시 얻게 된다는 신념을 가져야 한다. 따라서 믿음에서 출발하는 기도, 흔들리지 않는 확고한 소망과 믿음을 가진 기도만이 하나님의 응답을 받을 수 있다.

하나님께 소망을 갖지 않은 기도는 허공을 향해 외치는 소리와 같을 뿐이다. 그러므로 하나님 앞에 기도하는 자는 반드시 죄를 고백하고, 자녀가 곤란한 문제를 가지고 부모 앞에 털어놓듯이 진실하게 구하라는 것이다. 수많은 죄들은 하나님 앞에 기도하지 못하도록 할 것이고 그러한 것들은 우리를 견딜 수 없는 고통 가운데로 인도할 것이다.

소망과 믿음은 공포심을 극복한다. 성도들을 가장 잘 자극해서 하나님께 기도하게 만드는 기회는 그들이 자기의 부족을 느껴 마음이 괴로운 때이다.

이런 고난 중에서도 하나님의 선하심이 그들 위에 비쳐 마침내는 믿음으로 인해서 불안에서 벗어나게 된다. 그들은 현재의 곤란에 눌려 신음하며 장래의 더 큰 곤란들을 두려워하여 고민하면서도, 하나님의 선하심을 믿고 곤란을 참을 수 있게 되며 위로를 얻으며 앞으로 곤란을 벗어나리라고 기대하게 된다.

그러므로 경건한 사람의 기도가 이 두 가지 감정에서 시작하며, 그 두 가지를 내포한다는 것은 합당한 일이다. 우리가 어떤 은혜를 기원하면서도, 그것을 받으려고 기대하지 않을 때에, 하나님께서는 우리의 믿음이 부족함에 극도로 노여워하실 것이다. 그러므로 기도는 우연히 나오는 것이 아니라 믿음의 인도를 따른다는 것이 기도를 위한 한 법칙이며, 기도에 대한 응답으로써 얻는 것은 모두 믿음으로 인한 것이다.

지혜 없는 사람들은 그다지 주의하지 않으나 "믿지 아니하는 이를 어찌 부르리요 듣지도 못한 이를 어찌 믿으리요"(롬 10:14)라는 바울의 말의 의미도 바로 그러한 것이다.

기도하라고 우리에게 명령하심으로써 우리가 순종하지 않는 경우에, 주님께서는 불순종과 완고함을 책망하신다.

시편에 있는 말씀보다 더 정확한 명령은 생각할 수 없다. "환난 날에 나를 부르신"(시 50:15), 하나님의 명령과 약속이 기도의 원동력이 된다. 그러나 경건생활의 의무 중에서도 기도처럼 성경에서 자주 명령하는 것이 없다.

확신을 가지고 기도하고, 무서워 떨 것이 아니라 경외심을 가져야 한다. 우리는 하나님께서 우리의 기도를 들어주시리는 확실한 증거가 있다는 것을 깨달아야 한다. 즉 우리의 기도가 의지할 것은 우리 자신의 공로가 아니며, 기도의 가치나 기도가 실현되리라는 소망은 전적으로 하나님의 약속에 근거를 두고 있다.

5) 불완전한 기도도 들어주신다.

하나님께서 불완전한 기도, 온전치 못한 기도도 들으신다. 성경에는 하나님께서 평화롭고 고요하지 못한 생각에서 나온 기도를 들어 주셨다는 기사가 있기 때문이다. 요담은 격분과 복수심에서 세겜 주민들의 멸망을 기원했고, 후에 그대로 되었다. 삼손 역시 의분도 다소간 섞여 있었지만, 복수심이었다.

하나님께서는 이 기도를 허락하셨다. 이런 것을 보아서, 하나님의 말씀이 정한 법칙대로 하지 않는 기도라도 효과가 있다고 결론을 내릴 수 있는 것처럼 보인다. 그리고 하나님께서는 부당한 고통을 받아 그의 도움을 간구하는 사람들의 신음소리도 들어 주신다.

그러므로 가난한 사람들의 불평과 호소가 그의 앞으로 올라갈 때에, 비록 그들에게는 티끌만큼도 받을 자격도 없을지라도, 그는 그의 심판을 단행하신다.

불신자들의 기도가 버림을 받지 않을 때에 거기에는 하나님의 자비가 있다는 것을 명시하시려는 것이다. 아합이 회개하는 체했을 때에 하나님께서 감동하셨다는 말을 했다. 이와 같이 하나님의 백성들이 하나님의 노여움을 풀려고 회개하면, 하나님께서는 곧 그들의 기도를 들어주신다는 것을 증명하시려는 것이었다.

[부록]

새가족 섬김이 사역 실행 지침서

[부록]

새가족 섬김이 사역 실행 지침서

들어가는말

아무리 전도를 많이 한다 할지라도 교회의 등록교인으로 정착시키지 못하면 교회는 성장할 수 없다. 전도가 씨를 뿌리는 것이라면 새가족 정착은 뿌리를 내리는 것과 같다. 그러므로 새가족을 얼마나 잘 정착시키는가는 교회의 활성화와 함께 교회성장과 직결된다.

새가족이 잘 뿌리를 내릴 때 성장이라는 열매는 거둬진다. 이러한 사실을 통감하고 새가족 정착을 위해 철저히 준비하는 것이 필요하다. 목회자와 성도가 새가족에 대해 얼마나 적극적인 태도를 가지느냐에 따라 새가족 정착률은 달라질 것이다. 새가족 섬김이는 전도자와 다른 성격을 가진다. 전도자가 하지 못하는 일이 있다. 전도자와 섬김이는 다른 사람으로 배치해야 한다.

제 1장 새가족 섬김이 사역의 특징

1. 새가족과의 일대일 사역이다.

새가족 섬김이 사역은 새가족을 12주 동안 섬기는 사역이다. 동시에 여러 명의 새가족을 섬기는 것은 바람직하지 못하므로 새가족 섬김이 사역은 12주 동안 오직 한사람의 새가족에게만 사랑과 관심을 쏟는다.

⇨ 1순위는 목장 안에 섬김이가 있으면 먼저 붙이고, 없으면 2순위로 교구 안에서, 공동체 안에서 붙인다. 섬김이에게 새가족 두 명도 붙일 수 있지만 가능한 한 명만 붙인다.

2. 짧은 시일 안에 교회에 정착시키는 사역이다.

새가족과 가장 공통점을 많이 가진 새가족 섬김이와 짝 지워주므로 짧은 시일 안에 교회에 정착시키는 사역이다.

3. 기존 교인과 교제하도록 돕는 사역이다.

새가족이 교회 안에서 기존 교인 6명 정도를 사귀면 정착에 성공한다. 그러므로 새가족 섬김이 사역은 새가족 행복안내서를 마친 후 매주일 3명씩 소개해 주어 새가족의 교제를 폭을 넓혀주는 사역을 담당한다.

4. 신앙생활 전반에 대해 안내하는 사역이다.

새가족은 신앙생활이나 교회생활이 서툴기 마련이다. 그러므로 새가족 섬김이는 처음 신앙생활을 하는 사람들에게는 신앙에 대한 전반전인 안내를, 기존 교인들에게 교회 시설물을 안내하며 신앙생활에 지장이 없도록 도와주는 사역이다.

5. 새가족과 친밀감을 느끼게 하는 사역이다.

새가족 섬김이는 새가족 안내서를 나눈 후 교회에서 함께 식사하며 교제할 뿐 아니라 주중에 소그룹 리더를 비롯한 소그룹원들과 2번 이상 식사를 통하여 만남으로 친밀감을 느끼게 하는 사역이다.

⇨ 두 번 이상 식사, 소그룹 리더, 디렉터 교구장이 함께 섬기며, 심방도 한다.

6. 소그룹 번식으로 이어지게 하는 사역이다.

새가족 정착은 사랑과 관심이다. 새가족에 대한 사랑과 관심이 또 다른 새가족을 데려오게 만들어 소그룹을 확장하게 만든다. 그러므로 새가족 섬김이 사역은 대단히 중요하다.

⇨ 등록을 하면 첫 주에 심방을 하는데 새가족 섬김이, 소그룹 리더, 디렉터 / 교구장이 함께 갈 수도 있다.

제2장 새가족 섬김이 학교

1. 대상
1) 양육자 수강자
2) 새가족 섬김이 학교를 수료한 자로서 재교육 받기를 원하는 자
⇨ 양육반 수료를 못하면 섬김이 학교 수료를 할 수 없다.

2. 시간
1) 교육 시간을 4주 전부터 게시
2) 양육이 있는 주일 오후와 월요일

3. 장소
섬김이 교육을 받는 사람이 노트할 수 있도록 테이블을 갖춘 곳

4. 준비물
새가족 섬김이 학교 교재, 새가족 섬김이 사역 주간보고서, 새가족 섬김이 사역 개인평가서, 새가족 편지, 수료증

5. 강사
담임목사가 하는 것을 원칙으로 하되 새가족 섬김이 학교 교육을 받은 자로서 담임목사가 인정하는 자

6. 진행

   1) 강의를 시작하기 전에 새가족 섬김이 지원여부를 확인한다.
   2) 출석을 확인하면서 새가족 섬김이 학교 교재를 나누어 준다.
   3) 새가족 섬김이 사역의 중요성과 필요성을 간략히 말해준다.
   4) 교재에 따라 강의를 시작한다.
   5) 강의내용에 따라 새가족 섬김이 사역 보고서 및 새가족 편지 사용법을 설명한다.
   6) 교재와 함께 교육을 수료한 새가족 섬김이는 새가족 섬김이 사역에 사용할 새가족 행복안내서를 공부한다.
   7) 강의를 마친 후 공부 중에 일어났던 은혜스러운 일들과 앞으로 새가족을 섬김으로 각오와 결단을 돌아가면서 말한다.
   8) 새가족 섬김이 간증문을 제출한 사람 중에 한두 명을 세워 간증하게 한다.

7. 수료

1) 수료식은 양육반 수료식과 함께 가진다(따로없음).
2) 수료자들에게 수료일자를 통보하고 전원 참석할 것을 권한다.
3) 남자는 정장을, 여자는 깨끗한 옷을 준비하도록 한다.
4) 새가족 섬김이 수료식을 도울 사람을 준비시키되 선배 섬김이가 돕는다.
5) 각 교구, 공동체별로 꽃다발과 선물을 준비하여 새가족 섬김이가 된 것을 축하한다.
6) 수료식 이후 기념사진을 찍을 수 있도록 미리 준비 점검한다.

제3장 새가족 섬김이 사역

1. 새가족 등록준비

1) 새가족 등록카드 준비 및 인쇄
교회 상황에 맞도록 새가족 등록카드를 만들고 인쇄하여 준비한다.

2) 새가족 등록
안내위원은 교회 예배 홀 입구에서 새가족을 환경하여 접수하는 일을 담당한다.

2. 새가족 담당교역자의 역할

1) 새가족 섬김이 짝짓기
① 등록신청카드는 안내위원을 통해 교구장/디렉터에게 전해진다.
② 교구장/디렉터는 새가족 정보에 따라 새가족 섬김이를 정한다.
③ 새가족 섬김이는 전도자와 동일인이 되지 않도록 한다.
④ 교구장/디렉터는 새가족 섬김이 사역현황을 항상 참고 한다.

2) 새가족 등록카드 강단 제출
① 새가족 등록카드를 강단에 제출하여 예배시간에 환영하도록 한다.
② 새가족 담당교역자가 강단에 제출하는 업무를 담당한다.

3) 새가족 명단 전달
① 예배가 끝나자마자 새가족 담당교역자는 그날 예배 중에 지정된 새가족 섬김이에게 명단을 전달한다.
② 새가족 담당교역자는 예배가 끝나자마자 등록카드를 복사하여 새가족 섬김이에게 신속하게 전달한다.

4) 새가족 등록카드 보관
① 새가족 담당자는 새가족 등록카드 3부 복사하여 한 장은 새가족 섬김이에게 나머지는 소그룹 리더와 교구 / 디렉터에게 전달한다.
② 새가족 등록카드 원본은 새가족 등록카드 바인더에 보관한다.

3. 새가족 환영실

1) 위치
① 새가족실은 모든 사람이 가장 쉽게 찾을 수 있는 곳이어야 한다.

② 부득이 하여 새가족실을 가지지 못할 경우 예배실 한 부분에 새가족 환영자리를 마련할 수 있다.

2) 장식
새가족 환영실은 다음과 같은 자료들로 장식할 수 있다.
① 새가족 환영 현수막 :
"참 잘 오셨습니다", "당신은 사랑받기 위해 태어난 사람입니다"
② 테이블 위 꽃병
③ 계절에 맞는 장식

3) 새가족 환영준비
① 새가족 환영팀장은 예배 전에 환영할 수 있는 기본적인 준비를 미리 해둔다.
② 새가족 환영팀장은 예배 전에 청소상태를 확인하여 깔끔한 분위기에서 새가족을 맞이하도록 준비한다.
③ 새가족 환영팀장은 예배를 마침과 동시에 새가족실에서 새가족을 맞이한다.
④ 새가족 행복안내서와 선물은 미리 준비하여 테이블 위에 정성스럽게 둔다.
⑤ 새가족 환영시 교구장 / 디렉터, 소그룹 리더, 새가족 섬김이가 함께 새가족을 환영하도록 한다. 그러므로 예배를 마치면 교구장 / 디렉터, 소그룹 리더, 새가족 섬김이는 즉시 새가족실로 와서 새가족을 기다려야 한다.

4) 새가족 환영팀 준비

① 새가족 환영팀은 새가족을 따뜻하게 맞이할 준비를 한다.

② 새가족 사진촬영 담당자를 대기시킨다.

- ✱ 모든 사역자는 담임 목사님을 대리하여 가는 심방임을 기억하고 담임목사님과 연관시킨다(목사님은 000자매님을 위해 기도하고 계십니다).
- ✱ 자기 이미지를 심지 말고 담임목사, 교회중심의 심방이 되도록 한다.
- ✱ 복음에 관한 것과 교회의 목사님만 자랑한다.
  (새가족 섬김이 주보 보고서에 기록하여 보고한다).
- ✱ 교인 서약 : 교인 서약을 하고 수료증을 준다. 교인 서약은 중요하다. 왜냐하면 서약하는 만큼 지키게 되기 때문이다. 양육반 지원서를 작성하여 제출하게 한다. 담임목사의 편지(인쇄되어 있다)를 보낸다.
- ✱ 행복안내서 : 한 장씩 준다. 기대감을 가지도록.... 행복안내서를 시작하기 전에 질문을 한다. 오늘 죽으면 천국에 갈 자신이 있습니까? 없다고 하면 좀 상세하게 공부한다. 그런데 갈 자신이 있다고 하면 "왜죠?" 하고 다시 묻고 "예수님이 내 죄를 담당하셨기 때문에"하고 정답이 나오면 쭉 읽으면서 공부한다.

제4장 새가족반 수료식

교회소개를 영상으로 본 뒤에 담임 목사님이 소개한다. 여기서 다시 한 번 구원의 확신을 질문한다. 비전을 주면 사람들은 모든 것을 포기하고 따라온다.

1. 수료 일시
    1) 새가족반 수료일은 한 달에 한 번 정해진 시간에 한다.
    2) 새가족반 수료식 한 주간에 주일 예배시간에 광고하는 것을 원칙으로 하되 새가족 섬김이에게는 2주 전부터 수료식이 있음을 숙지시켜 새가족의 결석이 없도록 한다.

2. 수료 자격
    새가족 섬김이 사역을 10주 마친 자라야 가능하다.

3. 수료 준비
    1) 새가족 담당교역자는 새가족 섬김이 사역을 점검, 파악하여 수료증과 이름표를 준비한다.
    2) 이때 교구장 / 디렉터는 수료대상자를 파악해 새가족 담당 교역자에게 보고한다.
    3) 새가족 섬김이는 주중에 전화하여 주일 아침에 만날 시간과 장소를 약속한다.
    4) 새가족팀에서는 새가족에게 한 주일 전 수료식이 있음에 대

한 안내카드를 보낸다.

5) 교구장 / 디렉터와 소그룹 리더는 심방하여 새가족에게 수료식이 있음을 알리고 주일에 만날 것을 약속한다.
6) 새가족 담당교역자는 새가족 환영팀을 중심으로 수료식 준비상황을 점검한다.
7) 새가족반이 있는 날은 예배를 마침과 동시에 음향과 영상을 준비하여 새가족반 진행에 차질이 없도록 준비한다.

4. 스텝
반주자, Ice Break 담당자, 엔지니어(음향, 사진)

5. 참석대상자
담임목사, 새가족 담당교역자, 교구장 / 디렉터, 새가족 환영팀장, 소그룹 리더, 새가족 섬김이 ⇨ 인도는 담임목사님이 진행한다.

6. 수료식 순서
⇨ 컴퓨터상에 있는 자세한 기록을 이때 적게 한다(A4 사이즈).

순서	시간	내용	담당
1	12:30 – 12:40	Ice Break (마음문 열기)	담당자/반주자
2	12:40 – 12:50	교회소개 비디오 상영	영상팀
3	12:50 – 12:51	담임목사님 소개	새가족담당 교역자
4	12:52 – 1:25	담임목사님과의 만남	담임목사님
5	1:26 – 1:30	교인서약서, 양육반 신청서, 교인기록카드 작성	담임목사님
6	1:31 – 1:35	수료증 수여	담임목사님
7	1:36 – 1:37	축복기도	담임목사님
8	1:37 – 1:40	사진촬영	엔지니어

7. 진행
   1) 새가족과 함께 예배드린 새가족 섬김이는 예배를 마치면 새가족을 환영실까지 데리고 온다.
   2) 새가족 섬김이와 함께 도착한 새가족을 교구장 / 디렉터와 소그룹 리더 및 새가족 환영팀에서 기쁨으로 맞이한다.
   3) 새가족 환영팀에서는 새가족 명찰을 달아준 뒤 새가족이 새가족 섬김이와 함께 앉도록 안내한다.
   4) 새가족 섬김이는 준비된 다과를 나누면서 새가족을 섬기면서 받았던 은혜를 나눈다.
   5) 반주자는 새가족이 다 참석할 때까지 조용한 찬양으로 분위기를 조성한다.
   6) 정해진 시간이 되면 먼저 Ice Break 담당자가 Ice Break으로 새가족들의 긴장을 풀어주어 부드러운 분위기를 만든다.
   7) Ice Break가 끝나면 교회소개 영상이 바로 이어진다.
   8) 교회소개 영상 후 새가족 담당교역자는 새가족들에게 담임목사를 소개한다.
   9) 담임목사는 인사 후 새가족들을 대상으로 구원의 확신이 있는지 묻고 만약 구원의 확신을 가지지 못한 경우 구원의 확신을 가질 수 있도록 자세히 설명한다(눈을 감게 하고 반드시 확인한다).
   10) 새가족 행복 안내서를 진행하는 동안 교회비전과 담임목사의 목회철학을 나눈다.
   11) 새가족 행복 안내서를 마치면서 미리 비치된 교인 서약서와

양육반 지원서를 작성하도록 한다.
12) 새가족 환영팀에서는 교인서약서과 양육반 지원서를 회수한다.
13) 새가족반을 진행하는 동안 새가족 환영팀에서는 앉은 순서대로 수료증을 준비하였다가 교인서약서와 양육반 지원서를 회수하면서 수료증을 강단에 올려놓는다.
14) 담임목사는 교인 서약서와 양육반 지원서를 제출한 새가족들에게 새가족반 수료증을 수여한다.
15) 이때 섬김이는 비롯된 모든 참석자들을 진심으로 축하한다.
16) 새가족반 수료식은 담임목사의 축도로 마친다.
17) 새가족반을 수료한 새가족들에게 교회안내 책자와 기념품을 전달한다.
18) 사진촬영

8. 문서 정리
1) 새가족 담당교역자는 교인 서약서와 양육반 지원서를 정리하여 새가족 파일에 보관한다.
2) 새가족 담당교역자는 매달 양육반 지원자 명단을 정리하여 훈련국 담당자에게 전달한다.
3) 새가족 담당교역자는 새가족반을 수료한 자에 대한 교적부를 작성하여 보고서와 함께 담임목사에 제출한다.
4) 새가족 담당교역자는 기타 변경되는 모든 사항들을 행정실에 보고하여 변경되도록 조처한다.

9. 새가족 관련자료

1) 새가족 등록 신청 카드	7) 새가족반 수료증
2) 새가족 섬김이 사역 주간보고서	8) 교인 서약서
3) 새가족 섬김이 사역 개인평가서	9) 양육반 지원서
4) 새가족 편지	10) 새가족반 수료자 명단
5) 담임목사님 편지	11) 새가족 섬김이 현황표
6) 새가족반 안내편지	12) 교인기록 카드

제5장 조직과 역할

1. 역할

사역자		역할
사역자담당 교역자		새가족 섬김이 사역 점검과 진행, 대안제시, 새가족반 전반적인 진행 총괄, 새가족 섬김이 관리
교구장, 디렉터		교구 / 공동체 새가족 심방 교구 / 공동체 새가족 섬김이 사역 점검 및 보고
새가족 섬김이		3주간의 새가족 섬김이 사역, 기도와 돌봄
새가족 환영 팀장		매주 새가족 환영 준비 및 진행, 매월 새가족반 준비 및 진행, 새가족 섬김이 사역에 대한 행정적인 지원
새가족 환영팀	서기	담임목사 편지 발송, 새가족반 안내 편지 발송
	촬영	새가족 사진 촬영과 게시, 새가족반 촬영
	접대	매주 새가족 다과 식사준비, 매월 새가족반 다과준비
	엔지니어	마이크, 비디오, 그외 음향시설 셋팅, 음향 및 영상조정

1) 새가족 담당교역자

① 새가족 사역 전체를 총괄하고 지도한다.

② 새가족 섬김이를 관리하며, 새가족 섬김이 사역 점검 및 대안을 제시한다.

③ 교구장 / 디렉터가 그 역할을 해내지 못할 경우 책임을 지고 사역한다.

④ 매주일 새가족 환영과 매월에 있는 새가족반을 총괄 진행한다.

2) 교구장 / 디렉터

① 새가족 심방은 교구장 / 디렉터가 책임을 지며, 교구장 / 디렉터는 새가족 현황을 매주 새가족 담당교역자에게 문서로 보고한다.
② 교구장 / 디렉터는 매주 새가족 섬김이가 사역하도록 점검한다.
③ 교구장 / 디렉터는 매주 새가족 섬김이들의 사역 현황을 새가족 담당교역자에게 문서로 보고한다.
④ 교구장 / 디렉터는 새가족 100% 정착을 위해 최선을 다한다.
⑤ 교구 / 공동체에서의 새가족 사역이 실제적으로 이루어지도록 이를 지도한다.

3) 새가족 환영팀장

① 팀장은 새가족 환영과 새가족반이 잘 진행하도록 최선을 다한다.
② 매달 첫째 주에 있는 새가족반을 준비하며 준비상황을 새가족 담당교역자에게 보고한다.
③ 새가족 등록시 다과준비, 사진촬영, 사진게시 등을 진행한다.

4) 새가족 섬김이

① 새가족을 첫 대면하는 자리이므로 단정한 복장과 자신감 있고 은혜 충만한 자세를 보여야 한다.
② 짧은 시간 동안이라도 불편한 것이 없는지 세심하게 살피는 정

성이 필요하다.
③ 처음과 끝이 다르지 않도록 마지막까지 친절과 겸손함을 잊지 말아야 한다.
④ 항상 밝은 표정과 온화한 마음과 친절하고 공손한 모습으로 새가족을 맞이한다.
⑤ 새가족 섬김이는 새가족 섬김이 교육에 적극 참여한다.
　- 새가족 섬김이 학교 : 양육반 12번째 양육과정
　- 새가족 섬김이 세미나 : 필요시
⑥ 새가족 행복안내서를 가지고 매주 빠짐없이 새가족 섬김이 사역을 가진다.
⑦ 매주 3명 이상 소개한다.
⑧ 주중 전화, 심방으로 돌본다.
⑨ 매주 식사 교제로 섬긴다.
⑩ 매일 새가족을 위해 기도한다.

(1) 서기
① 새가족반에 따른 제반 문서를 정리한다.
② 새가족반 모든 보고서, 새가족 행복안내서를 비치, 관리한다.
③ 새가족 담당교역자가 요구하는 모든 문서, 보고서를 준비한다.
④ 새가족반 수료자들에 대한 신상을 기수별 문서로 정리하여 보관 한다.
⑤ 매주 월요일 등록한 새가족에게 담임목사 편지를 발송한다.
⑥ 새가족반 1주전 새가족반 안내편지를 새가족반 수료 대상 새가

족에게 발송한다.

(2) 촬영
새가족 사진 촬영 후 즉시 게시한다.

(3) 접대
① 매주 예배에 처음 참석하는 새가족을 위해 간단한 다과와 식사를 준비한다. 하절기에는 차가운 음료로, 동절기에는 따뜻한 차로 준비하며, 과자는 품위 있게 담아내도록 한다.
② 다과는 새가족이 새가족실에 오기 전 미리 준비해 두어야 한다. 다과 준비 시 새가족실 내부나 너무 덥거나, 춥지 않도록 에어콘, 히터기를 사용해 미리 온도를 조절해 둔다.
③ 식사는 주일 낮 예배 후에 준비하되, 새가족반을 위한 식사장소를 따라 준비한다. 식사 시 새가족이 불편이나 번잡함을 느끼지 않도록 하기 위해서이다.
④ 매달 첫째 주일 새가족반을 위해 간단한 다과를 준비한다.

(4) 엔지니어
① 새가족반 시작 전에 비디오와 그 외 음향시설을 셋팅해둔다.
② 새가족반 진행 중에 음향, 영상을 조정한다.

제6장 새가족 섬김이 주간사역 내용

<1주>

① 서로 인사

② 새가족 행복안내서 나눔

③ 교회직분자 중 3명 소개

④ 새가족 섬김이 사역 주간보고서 제출

⑤ 새가족에게 편지 보내기

⑥ 주중에 만나서 식사하기

<2주>

① 주일 아침 심방하여 예배에 데려오기

② 새가족 행복안내서 나눔

③ 교회가족 중 3명 소개

④ 새가족 섬김이 사역 주간보고서 제출

⑤ 주중에 만나서 식사하기

<3주>

① 주일 아침 심방하여 예배에 데려오기

② 새가족 행복안내서 3명 나눔

③ 교회가족 중 3명 소개

④ 새가족 섬김이 사역 주간보고서 제출

⑤ 새가족 섬김이 사역 개인평가서 제출

⑥ 주중에 만나서 식사하기

<4주>
① 주일 아침 심방하여 예배에 데려오기
② 새가족반이 있는 장소로 인도하기
③ 새가족 행복안내서 담임목사와 나눔 ④ 수료 축하 선물하기

제7장 새가족 섬김이 사역 지침

1. 예배시 새가족 섬김이로 지명되면 예배 후 즉시 새가족실로 와야 한다.
2. 새가족실에서 인사 후 새가족이 시간이 된다면 함께 식당에서 식사하도록 한다.
3. 식사 후 새가족 행복안내서 나눔은 한적한 장소를 이용하는 것이 좋다.
4. 새가족과 새가족 행복안내서를 나눌 때는 짧게 기도하고 가르친다는 자세가 아니라 함께 생각한다는 겸손한 자세를 가져야 한다.
5. 새가족 행복안내서를 가급적이면 그대로 읽는 것이 좋다. 자꾸 설명하면 할수록 시간만 길어지고 효과는 떨어진다. 새가족에게 지나친 부담을 주는 것은 정착에 장애가 되기 때문이다.
6. 새가족에게 반드시 기존 교인 3명을 소개시키되, 자신과 친한

사람이 아니라 교회 직분자를 먼저 소개시켜야 한다.
7. 사역 직후 새가족 섬김이 주간보고서를 성실히 기록하여 교구장 / 디렉터에게 꼭 제출해야 한다. 새가족 섬김이 사역 10주째는 새가족 섬김이 주간보고서와 함께 새가족 섬김이 사역 개인평가서도 제출해야 한다.
8. 새가족과 첫 만남이 있는 1주째에 꼭 섬김이 편지를 늦어도 화요일까지 보내야 한다.
9. 매주 주중에 새가족과의 교제를 위해 만나서 꼭 식사를 해야 한다.
10. 주중에 만나서 식사할 때는 전화로 약속했던 만날 시간과 장소를 새가족에게 상기 시킨 후 꼭 10분전에 약속 장소에 가서 먼저 새가족을 기다려야 한다.
11. 주일 아침에는 반드시 새가족을 집 앞까지 심방하여 직접 데리고 와야 한다.
12. 예배시 새가족 섬김이는 반드시 새가족 옆에 앉아 새가족이 예배를 잘 드릴 수 있도록 도와야 한다.
13. 매월 첫 주일 축제예배 후에는 담임목사를 만나는 새가족반이 있으므로 새가족이 새가족반에 참석해 수료가 된다. 새가족반까지 잘 마칠 수 있도록 새가족 섬김이는 적극적으로 새가족을 챙겨야 한다. 수료하는 새가족을 위해 작지만 정성이 담긴 축하 선물을 준비하도록 한다.
14. 새가족을 위해 매일 기도하는 것은 새가족 섬김이 사역의 필수사항이다.

15. 새가족과 대화내용은 교회와 목사님 자랑을 하고 섬김이에 관해 알고자 하면 차차 알게 될 것이라고 한다.

제8장 새가족 심방예절

1. 심방시에는 예절을 갖추며 심방 매너에 최대한 신경을 쓴다.
2. 상대방의 믿음에 따라서 대하여야 한다.
3. 사역자는 말을 적게 하고 말하는 것을 들어 준다.
4. 심방 시 다른 가정의 이야기는 이름조차도 거명하지 않는다.
5. 집안 구조나 치장, 평수 등에 대한 것은 묻지 않는다.
6. 스스로 말하지 아니하는 개인 사생활은 알려고 하지 않는다.
7. 사역자 자신의 이력이나 집안에 대해서는 말하지 않는다.
8. 사역자에게 편한 심방이 아니라 새가족에게 도움을 주는 심방이어야 한다.

[교인 서약서]

본인은 예수님을 구세주로 영접했고 본 교회의 목회철학과 비전 및 구조에 동의하였으므로 성령님의 인도하심을 따라 본 교회의 교인이 되고자 합니다. 교인이 됨으로써 본인은 하나님과 모든 성도들 앞에서 다음 사항들을 지키기로 서약합니다.

1. 본인은 본 교회의 하나 됨을 고수하겠습니다.
   다른 성도들을 사랑으로 대함으로써 ----------------( )
   험담에 참여하지 않음으로써 --------------------( )
   지도자를 따름으로써 ------------------------( )

2. 본인은 본 교회의 책임을 감당하겠습니다.
   교회의 성장을 위해 기도함으로써 ----------------( )
   불신자들이 교회에 출석하도록 초청함으로써 -----------( )
   방문하는 사람들을 친절하게 환영함으로써 ------------( )

3. 본인은 본 교회의 사역을 감당하겠습니다.
   영적 은사와 재능을 발견함으로써 ----------------( )
   목사님의 훈련을 받아 섬길 수 있도록 준비함으로써 --------( )
   종의 심정을 개발함으로써 ---------------------( )

4. 본인은 본교회의 증인역할을 감당하겠습니다.
   충성스럽게 출석함으로써 ---------------------( )
   경건한 생활을 함으로써 ---------------------( )
   정기적으로 헌금함으로써 ---------------------( )

20   년   월   일(기)

이 름 :   전화번호 :

주 소 :

* 본교회의 교인이 됨을 진심으로 환영합니다.